本书由海南省"双一流"学科——海南师范大学马克思主义

冯契伦理思想研究

许袖飞 ◎ 著

知识产权出版社
全国百佳图书出版单位
北京

图书在版编目（CIP）数据

冯契伦理思想研究/许袖飞著. —北京：知识产权出版社，2023.12
ISBN 978－7－5130－9126－8

Ⅰ.①冯… Ⅱ.①许… Ⅲ.①冯契（1915－1995）—伦理思想—研究 Ⅳ.①B82－092

中国国家版本馆 CIP 数据核字（2023）第 242075 号

责任编辑：兰　涛　　　　　　责任校对：潘凤越
封面设计：春天书装　　　　　责任印制：孙婷婷

冯契伦理思想研究

许袖飞　著

出版发行	知识产权出版社有限责任公司	网　　址	http://www.ipph.cn
社　　址	北京市海淀区气象路 50 号院	邮　　编	100081
责编电话	010－82000860 转 8325	责编邮箱	lantao@cnipr.com
发行电话	010－82000860 转 8101/8102	发行传真	010－82000893/82005070/82000270
印　　刷	北京建宏印刷有限公司	经　　销	新华书店、各大网上书店及相关专业书店
开　　本	720mm×1000mm　1/16	印　　张	12.5
版　　次	2023 年 12 月第 1 版	印　　次	2023 年 12 月第 1 次印刷
字　　数	186 千字	定　　价	88.00 元

ISBN 978－7－5130－9126－8

出版权专有　侵权必究
如有印装质量问题，本社负责调换。

摘　要

冯契作为活跃于20世纪30年代到90年代的一位哲学家，非常重视对伦理思想，尤其是对道德关系和道德品质等伦理议题的探讨，并在中国现当代伦理思想发展史上留下了精彩的一页。如何从整体上把握冯契伦理思想在马克思主义伦理思想中国化以及中国传统伦理思想转化和发展中的地位和作用，是当代伦理思想研究的一个重要问题。本书的基本思路就是依据冯契有关伦理思想的论述以及学界有关冯契伦理思想的研究成果，比较系统地阐释冯契如何以实践的唯物主义辩证法为指导，以道德生活为起点，通过研究道德本质、道德规范和道德实现等方面的内容，解决理论（智慧）和德性关系问题的伦理思想，从而比较准确地归纳冯契伦理思想的理论特征，进而比较客观地展现冯契伦理思想的历史贡献和当代价值。

本书的绪论部分主要介绍研究冯契伦理思想的背景、国内外研究现状，以及已有研究中的成果及不足，以此作为后续的讨论基础。

第一章着重讨论冯契伦理思想的形成与发展。从思想演变来看，冯契伦理思想在冯契学术活动的早期、中期和后期呈现明显的变化；从思想渊源来看，冯契伦理思想形成并发展于中西方伦理思想激烈碰撞与交融的时代，包含丰富的马克思主义伦理思想、中国传统伦理思想和西方伦理思想；从思想基础来看，冯契伦理思想是冯契智慧说哲学体系的重要组成部分，贯穿着广义认识论、辩证逻辑的方法论、性与天道的本体论等哲学智慧。

第二章着重讨论、分析冯契的道德本质思想，回应学界有关道德本质在研究领域中的分歧。当前学界研究道德本质的分歧在于是从规范性入手，还是从主体性入手，在于是从认识论、本体论，还是从价

值论的角度阐释道德本质。明晰这一分歧，可以发现，冯契的道德本质思想以社会实践为起点，从人的本质出发，运用认识论、本体论和价值论相结合的方法统合了道德规范和道德主体。就认识论而言，他将道德视为一种反映人的本质在不同发展阶段的特殊的意识形态；就本体论而言，他将道德视为社会关系准则和内心要求的反映及实践精神；就价值论而言，他将道德视为自由及自由的实现。由此可见，冯契的道德本质思想，在道德意识中突出了道德主体和道德价值；在道德规范中突出了道德意识和道德价值；在道德价值中突出了实践精神和道德意识。

第三章从论述道德规范与自由的关系着手解读冯契的道德规范思想。笔者阐述了冯契如何将自由与道德规范相结合，如何将自由贯穿于道德规范、道德理想和道德行为中。在冯契看来，正当的道德规范要想取得理想形态，必须符合社会历史发展规律，且必须合乎人性发展需要，必须遵循合理的价值原则，才能使道德规范成为正当合理的规范。而正当的道德规范具体化为人的行为，要求将道德行为建立在自觉自愿的基础上，这样道德行为才是符合正当道德规范的行为，才是真正自由的道德行为。

第四章从德性培养出发，讨论冯契如何在理想实现的活动中培养真善美统一的自由德性。整体来看，冯契认为理论化为德性的路径是理论指导人生首先要取得理想形态，进而通过实践使理想成为信念，习之既久，真正形成自由的德性，即自由的智慧、自由的德行和自由的美感。就自由的智慧而言，人们依据真理性认识确立人生理想，即社会理想和个人理想，并在改变世界和发展自我的理想实现活动中发展自由的智慧；就自由的德行而言，道德理想具体化为道德规范，成为人们规范自身行为的准则，使人的行为成为自由的德行；就自由的美感而言，人们凭借审美理想在人化自然中直观自身的本质力量，从而达到主客观统一的境界，使人的美感成为自由的美感。

第五章从整体出发总结冯契伦理思想的理论特征，并对冯契伦理思想进行评价。从中国伦理思想史来看，冯契伦理思想具有鲜明的实践性、民族性、过程性和包容性，是马克思主义伦理思想中国化以及

中国传统伦理思想转化和发展的重要环节。从中国伦理思想的发展现状来看，冯契伦理思想对解决伦理学研究中理论、规范和实践相结合的困难，道德本质研究中认识论、本体论和价值论相结合的困境，以及道德体系建设中价值导向的偏差，具有重要启示。

总体来说，本书在比较深入地阐释冯契有关道德本质、道德规范和道德实现等方面内容的基础上，比较系统地分析了冯契伦理思想的形成和发展、核心议题和理论贡献，从而最大限度地呈现冯契伦理思想对中国伦理思想发展的当代价值。

目 录

绪 论 ……………………………………………………… (001)
  一、选题缘起及研究意义 ………………………………… (001)
  二、相关研究动态和述评 ………………………………… (006)
  三、研究内容、思路及方法 ……………………………… (018)

第一章　冯契伦理思想的历史演变和理论基础 ……………… (025)
  第一节　冯契伦理思想的历史演变 ……………………… (025)
    一、早期冯契伦理思想（1935—1948 年） ……………… (026)
    二、中期冯契伦理思想（1949—1976 年） ……………… (028)
    三、晚期冯契伦理思想（1977—1995 年） ……………… (032)
  第二节　冯契伦理思想的思想渊源 ……………………… (035)
    一、马克思主义伦理思想 ………………………………… (036)
    二、中国传统伦理思想 …………………………………… (039)
    三、西方伦理思想 ………………………………………… (046)
  第三节　冯契伦理思想的哲学基础 ……………………… (050)
    一、广义认识论 …………………………………………… (050)
    二、辩证逻辑的方法论 …………………………………… (054)
    三、性与天道的本体论 …………………………………… (055)

第二章　人的本质与道德本质 ……………………………… (057)
  第一节　道德是一种意识形态 …………………………… (057)
    一、道德是社会实践的产物 ……………………………… (058)
    二、主体意识与人的类本质 ……………………………… (060)
    三、社会意识与人的社会本质 …………………………… (063)

四、自由意识与德性的全面发展 ················· (066)
　第二节　道德是反映社会关系和人的内心要求的准则 ········ (068)
　　一、道德是反映社会关系的准则 ················· (069)
　　二、道德是发自内心的要求 ···················· (071)
　第三节　道德是一种实践精神 ···················· (074)
　第四节　道德的自由本质及实现方式 ················ (076)
　　一、道德的自由本质 ························ (076)
　　二、自由是"由自在而自为" ··················· (079)
　　三、自由是"化理想为现实" ··················· (081)

第三章　人的自由与道德规范 ······················ (084)
　第一节　道德规范是对自由的追求 ················· (084)
　　一、道德规范和自由 ························ (084)
　　二、道德规范与社会发展的规律 ················· (086)
　　三、道德规范与人性发展的要求 ················· (087)
　　四、道德规范是道德理想的具体化 ················ (089)
　第二节　道德规范的价值原则 ···················· (092)
　　一、自然和人道统一的原则 ···················· (092)
　　二、人的全面发展原则 ······················· (094)
　　三、集体和个性统一的原则 ···················· (097)
　第三节　道德行为是合乎规范的行为 ················ (099)
　　一、道德行为的自由 ························ (100)
　　二、自觉与自愿的统一 ······················· (102)
　　三、用道德规范来规范自己的行为 ················ (105)

第四章　人的德性与道德实现 ······················ (110)
　第一节　化理论为德性 ························ (110)
　　一、理论和理想 ··························· (111)
　　二、理想和德性 ··························· (112)
　　三、德性和真、善、美 ······················· (113)
　第二节　真与人生理想的实现 ···················· (115)

一、作为价值范畴的真 …………………………………………（115）
　　二、社会理想 ……………………………………………………（118）
　　三、个人理想 ……………………………………………………（121）
　　四、改变世界和发展自我 ………………………………………（124）
第三节　善与道德理想的实现 …………………………………………（127）
　　一、道德意义上的善 ……………………………………………（128）
　　二、道德理想和自由 ……………………………………………（129）
　　三、社会伦理关系和道德品质 …………………………………（131）
第四节　美与审美理想的实现 …………………………………………（136）
　　一、美和美感的自由 ……………………………………………（136）
　　二、审美理想是人的本质力量的形象化的理想 ………………（138）
　　三、审美理想的表现 ……………………………………………（141）
　　四、美的个性需要个性化的形象的滋养 ………………………（144）

第五章　冯契伦理思想的理论特征和当代价值 …………………（148）
第一节　冯契伦理思想的理论特征 ……………………………………（148）
　　一、实践性 ………………………………………………………（148）
　　二、民族性 ………………………………………………………（151）
　　三、过程性 ………………………………………………………（153）
　　四、包容性 ………………………………………………………（155）
第二节　冯契伦理思想的贡献 …………………………………………（157）
　　一、对马克思主义伦理思想中国化的贡献 ……………………（157）
　　二、对中国传统伦理思想转化和发展的贡献 …………………（161）
　　三、对现代和当代儒家伦理思想研究的贡献 …………………（165）
第三节　冯契伦理思想的启示 …………………………………………（170）
　　一、伦理学研究应加强理论、规范和实践的结合 ……………（170）
　　二、道德本质研究应重视认识论、本体论和价值论的结合 …（173）
　　三、道德体系建设应突出价值导向 ……………………………（176）

参考文献 ………………………………………………………………（180）

绪　论

一、选题缘起及研究意义

（一）选题缘起

冯契（1915—1995年）是活跃于20世纪30年代中期到90年代中期的现当代哲学家。在中国从积贫积弱走向繁荣富强，从传统社会走向现代社会的沧桑巨变中，他为求解"中国向何处去"的时代中心问题而不断求索的过程，形成了富有个性的智慧说哲学体系。

自1935年至1949年新中国成立之后，冯契密切关注时代问题，并将其与自己的理论探索相结合。1935年，作为清华大学哲学系新生，冯契积极参加了当年北平大学生组织的"一二·九"和"一二·一六"两次抗日救国示威游行。之后他于1938年奔赴延安，先后随八路军120师到晋西北、晋察冀、冀中等地从事了近两年的文艺宣传工作。1939年他回西南联大复学，并于1944年完成毕业论文《智慧》。

这一阶段，冯契的理论探索随着"中国向何处去"的时代问题而展开。与当时的众多进步青年一样，冯契积极寻求救国之道，他认为："要救国，就要有理论……学哲学大概是最能满足我广泛的兴趣。"[①]为此，他先后跟随冯友兰、金岳霖、汤用彤等人学习哲学，初步接触了冯友兰的"新理学"、金岳霖的知识论以及汤用彤的魏晋玄学。在此基础上，他又深入学习了中西方哲学，希望从中寻求解决时代问题的答案。在比较分析马克思主义、现代新儒家和自由主义西化派等众多思想体系的基础上，冯契选择了马克思主义作为解决时代问题的钥匙，

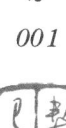

---

① 林在勇. 冯契学述［M］. 杭州：浙江人民出版社，1999：263.

这也成为他一生的信仰。他在《〈智慧说三篇〉导论》中回忆这一抉择时讲道，自己在山西抗战前线时接触到了毛泽东的《论持久战》和《新民主主义论》，感到"真正要搞哲学，就应该沿着辩证唯物论的路子前进"[①]。

冯契的学术生涯经历了一个曲折发展的阶段。1949年新中国成立后，他先后担任上海纺织工学院教授、复旦大学兼职教师，并于1952年正式受聘为华东师范大学教授。1959—1966年，他兼任上海社会科学院哲学研究所副所长。

这一阶段，随着"中国向何处去"的时代主题由革命变为建设，冯契在系统深入地学习马克思主义的基础上，自觉运用理论联系实际的方法论原则分析中国特色社会主义建设中遇到的现实问题。他先后探讨了人的本质、革命乐观主义精神、怎样认识世界等问题，并在1956年召开的全国第二次高级师范教育会议上提出"理论不仅要化为方法，还要化为内在的德性"的主张。[②] 在次年北大召开的"中国哲学史讨论会"上，他主张在中国哲学史研究中要坚持逻辑和历史相一致的原则，同时他还提出"哲学是哲学史的总结，哲学史是哲学的展开"的观点。[③]

从1977年开始，冯契以饱满的激情重新参与学术活动，积极为学术研究的发展、繁荣而努力。他先后担任上海社会科学研究院副院长（1978—1984年）、上海市哲学学会会长（1988年）等众多学术团体的领导职务，参加了"全国哲学会议"（1979年）、"中国哲学史讨论会与中国哲学史学会成立大会"（1979年）等众多学术会议，发表了《对历史上的哲学思想要具体分析》（载《哲学研究》1979年第11期）、《论真善美的理想》（载《学术月刊》1982年第2期）等一系列论文，编撰了《中国古代哲学的逻辑发展》（1982年）、《中国近代哲学的革命进程》（1989年）等一系列著作。由此可知，冯契的学术活动丰富多样，这也使他的学术生命达到了一个新的高度。

---

① 冯契. 冯契文集：第1卷 [M]. 上海：华东师范大学出版社，2016：12-13.
② 林在勇. 冯契学述 [M]. 杭州：浙江人民出版社，1999：266.
③ 同②，第267页。

这一阶段,"中国向何处去"的时代主题由建设变为改革。冯契在积极参与学术活动的同时,结合改革开放的现实,强调"我们正面临一个世界性的百家争鸣,哲学的若干问题也要从改革的眼光来看"①。冯契是这样说的,也是这样做的。他立足改革开放的社会实践,在对马克思主义重新进行阐释的基础上,通过比较分析中国传统哲学与西方哲学,形成了具有独立体系建构的智慧说哲学体系。

总体来看,在长达60年的学术历程中,冯契围绕"中国向何处去"这一时代中心问题,建构了由认识论、逻辑学和伦理学构成的富有个性的以"智慧说"命名的哲学体系。而冯契伦理思想作为"智慧说"哲学体系的重要组成部分,是冯契对智慧、自由、人格等伦理议题长达60年的探索结晶,因此可以说,它是20世纪30年代到90年代马克思主义伦理思想中国化以及中国传统伦理思想转化和发展的重要环节。此外,冯契的伦理思想提倡"文如其人",透出一种纯粹的人格气象和理论思维的力量。这些都充分展示了冯契伦理思想的创造性和启发性,笔者认为在中国当代伦理思想发展的浪潮中,进一步深化对冯契伦理思想的研究具有重要意义。

(二)研究意义

1. 理论意义

第一,本书从历史和逻辑相统一的角度,通过分析冯契伦理思想的历史演变、思想渊源和哲学基础,全面阐述冯契伦理思想的基本内容,有助于我们全面认识和研究中国现当代伦理思想的多元性和丰富性。本书将从冯契的学术生涯着手,通过分析冯契伦理思想的阶段性特征,阐释冯契伦理思想中包含的马克思主义伦理思想、中国传统伦理思想以及西方伦理思想等方面的内容,阐述冯契伦理思想与智慧说哲学体系的关系,从而比较全面地阐述冯契伦理思想的理论、规范和实践等方面的内容。上述研究涉及马克思主义伦理思想中国化、中国

---

① 林在勇. 冯契学述[M]. 杭州:浙江人民出版社,1999:272.

传统伦理思想转化和发展，以及现当代儒家伦理思想研究等中国现当代重要伦理议题，因而这些研究对我们全面认识和研究中国现当代伦理思想的多元性和丰富性具有重要意义。

第二，本书从认识论、本体论和价值论相结合①的角度，挖掘和阐释冯契关于道德本质、道德规范和道德实现等方面的具体内涵，有助于我们系统认识冯契对马克思主义伦理思想中国化以及中国传统伦理思想转化和发展所作的积极贡献。本书将从认识论、本体论和价值论相结合的视角入手，通过分析人的本质、人的自由以及人的德性等方面的内容，挖掘和阐释冯契关于道德本质、道德规范和道德实现等方面的具体内涵，从而充分展现冯契伦理思想的特殊性及理论贡献。上述研究包含冯契对马克思主义伦理思想和中国传统伦理思想的系统性思考，故这些研究有助于我们系统地认识冯契伦理思想对马克思主义伦理思想中国化以及中国传统伦理思想转化和发展的积极贡献。

第三，本书立足全面评价冯契伦理思想，通过分析其伦理思想的特点、贡献和启示，有助于我们反省当代中国伦理学研究和道德体系建设中存在的某些问题。本书将在归纳冯契伦理思想基本特征的基础上，通过分析冯契伦理思想对马克思主义伦理思想中国化、中国传统伦理思想转化和发展，以及现当代儒家伦理思想研究的贡献，阐述冯契伦理思想对中国当代伦理思想发展的启示，从而比较全面地展现冯契伦理思想的当代价值。上述研究包含理论、规范和实践相结合的伦理学研究思路，认识论、本体论和价值论相结合的道德研究方法，以及真善美统一的价值导向等内容。因此，这些研究对我们反省中国伦理学研究思路和道德体系建设导向方面的问题具有重要意义。

2. 实践意义

第一，有助于认识自己、发展自我。当前，中国人民日益增长的美好生活需要和不平衡不充分的发展之间的矛盾日益突出，这就要求

---

① 冯契认为，哲学最核心的部分就是认识论和本体论的统一，它在伦理学领域表现为认识论、本体论和价值论的统一。参阅：冯契. 冯契文集：第1卷［M］. 上海：华东师范大学出版社，2016：84.

经济、政治、文化、社会、生态等各个领域协调发展,但这些领域中存在集体与个人、物质和精神、感性和理性的矛盾,而正确处理这些矛盾就必须正确认识人的本质。本书将从人的本质着手详细阐述冯契有关改变世界和发展自我的思想,重点阐释人们应如何正确对待道德和功利、感性和理性的关系,以及如何通过合理的价值原则正确处理人与自然、人与社会、人与自身等基本伦理关系。这些研究在帮助人们正确处理社会伦理关系的基础上,能够使人们更好地认识自我、发展自我。

第二,有助于培养真善美统一的理想人格。改革开放四十多年来,中国的政治、经济、文化等各个领域都发生了巨大的变化,但其中也存在道德滑坡、信仰缺失、价值迷失等问题,造成了人格的片面化发展,阻碍了个性的自由发展。本书将从冯契有关理想人格的论述着手,在分析冯契如何批判、继承中国古代"成人之道"和近代"新人"学说的基础上,重点阐释平民化自由人格的路径,即实践和教育相结合;世界观教育和智育、德育、美育相结合;集体帮助和个人努力相结合。这些研究通过详细阐述冯契有关理想人格培养的思想,有助于人们塑造真善美统一的理想人格。

第三,有助于转化和发展传统道德中的优秀成分,建设现代道德文明。本书直接服务于当前中国传统文化转化和发展的时代课题,重点解决当前中国传统道德在批判性继承和创造性发展等方面所面临的问题及挑战。本书将从冯契运用中国传统道德智慧解决现代伦理问题的基础着手,重点阐释冯契如何使中国传统道德积极成果融入现代道德文明的内容。如冯契在分析中国古代理性自觉传统的基础上,结合西方国家注重意志自由的传统,强调真正自由的道德行为是自觉自愿的行为,这就使中国传统伦理学中自觉和自愿相结合的思想具有了现代形式。因此,这些研究通过详细阐释冯契在中国传统伦理思想转化和发展中的智慧,有助于我们更好地传承传统道德中的优秀成分,建设现代道德文明。

总之,加强对冯契伦理思想的研究,既可以使我们全面系统地把握冯契伦理思想的基本内容,也有助于人们更好地改造世界、发展自

我，还能为当今伦理思想的发展和道德文明建设面临的问题与困难提供一种可能的思路。因此，整合现有学术资源，对冯契伦理思想进行系统的创新研究具有重要的理论意义和实践意义。

二、相关研究动态和述评

1995年6月，《学术月刊》第6期发表《智慧的探索——〈智慧说三篇〉导论》一文，使学界注意到冯契不仅是一位哲学史家，还是一位具有完整理论建构的哲学家。之后，学界对冯契哲学思想的研究不断丰富。1996年，在上海举办了"《智慧说三篇》全国学术讨论会"；1997年，在韩国举办的"第十届国际中国哲学大会"专门设立了冯契哲学专场；2005年，华东师范大学哲学系主办了"冯契与21世纪中国哲学"国际学术研讨会；2015年，华东师范大学哲学系主办了"纪念冯契先生百年诞辰"系列活动。由此可见，自冯契逝世后的二十多年来，冯契的思想越来越受到国内外学者的关注，包括萧萐父、汤一介、方克立、郭齐勇、丁祯彦、陈来、杨国荣、朱贻庭、吴根友、王向清、成中英（美国）、樋口胜（日本）等在内的众多学者都对冯契思想的不同方面进行了研究。这些也为我们进一步探讨冯契的伦理思想提供了基础。

冯契的伦理思想主要是指道德生活和道德品质的理论表现，包括价值观、人的本质、道德理想、理智和意志的关系、社会伦理关系、道德品质等内容。对此，目前国内外学者已就其中的不同方面进行了比较深入的研究。

（一）国内外研究动态

1. 国内研究动态

在中国知网以"冯契"为关键词进行搜索，截至2021年2月，共检索到相关学术论文190余篇、学位论文70余篇、相关研究著作7部。其中研究著作包括彭漪涟的《冯契辩证逻辑思想研究》（华东师范大学出版社，1999年）和《化理论为方法、化理论为德性：对冯契一个哲

学命题的思考与探索》（上海人民出版社，2008年），王向清的《冯契与马克思主义哲学中国化》（湘潭大学出版社，2008年），王向清、李伏清的《冯契"智慧"说探析》（人民出版社，2012年），刘明诗的《冯契与马克思主义哲学中国化》（人民出版社，2014年），周利方的《当代中国的智慧论——冯契马克思主义哲学中国化贡献研究》（上海社会科学院出版社，2017年）。

通过收集、整理、分析和研究有关冯契伦理思想的研究成果，可以发现其中不乏创见之作，如陈来、杨国荣、陈泽环、王向清、朱贻庭等学者的相关论文和著作。我们可以把已有研究成果归结为如下根本性问题。

第一，冯契伦理思想形成发展的问题。冯契曾谈到他的学术研究主要包括中国哲学史研究和哲学理论问题研究两个方面。从20世纪40年代起，他就开始着重关注知识和智慧的关系问题，经过50年的探讨，形成了以智慧说为核心的哲学思想。同时，他还强调"智慧说"是在比较分析中西方哲学史的基础上形成的，并且在哲学史研究中着重探讨了民族智慧的特征及其形成过程。① 据此可知，冯契的"智慧说"在形成时间上长达半个多世纪，在内容上涉及中西方哲学。学界对冯契伦理思想形成发展问题的研究主要由此展开。

其一，在冯契伦理思想的形成问题上，已有研究主要从冯契的学术活动着手，重点分析冯契伦理思想在不同历史时期的基本观点和特征。典型观点主要有以下两类。一类是以洪晓楠教授为代表的"三阶段论"。他依据冯契的个人经历、学术生涯及成果，将冯契哲学思想的形成划分为早期（1935—1948年）、中期（1949—1976年）和晚期（1977—1995年）三个阶段。② 另一类，是以李洪卫研究员为代表的"两阶段论"，他以"智慧说"这一核心观念的演变为基础，将冯契"智慧说"的演变区分为早期和后期两个阶段，并着重分析了早期"智

---

① 林在勇.冯契学述［M］.杭州：浙江人民出版社，1999：1.
② 洪晓楠，张增娇.论冯契的哲学观［J］.大连理工大学学报（社会科学版），2006(2)：59.

慧说"的核心理念、演进思路及相关哲学问题。①

其二,在冯契伦理思想的渊源问题上,已有研究主要从冯契对中西方伦理思想资源的继承发展入手,阐释冯契伦理思想与马克思主义、中国哲学和近代西方哲学的关系。典型观点主要有以下两类。一类是以陈来教授为代表。他在研究冯契德性伦理思想时指出,冯契的哲学可以说是中国哲学、西方哲学、马克思主义哲学"三结合"的一个范例。在他看来,从冯契的哲学以实践的唯物辩证法为基本立场来看,可以归为实践唯物主义的发展;但他的主要哲学问题意识是接着近代西方知识论来讲的,而他注重的元学的人文精神和强调德性关切的方面,又与中国传统哲学密切相关。② 另一类是以陈泽环教授为代表。他认为从冯契"智慧说"哲学体系的角度审视冯契的伦理思想可以发现,冯契的伦理思想是一种综合实践唯物主义辩证法、中国哲学思想积极成果与近现代西方哲学的伦理学说。③

第二,对冯契道德本质思想的研究。在这方面,已有研究从冯契有关道德本质的论述着手,重点分析冯契关于道德与社会实践、道德与人的精神、道德与人的自由等关系问题的思想,从而阐发冯契在道德本质问题上的智慧。

其一,道德与社会实践关系的问题。已有研究主要是从社会实践出发,重点阐释主体如何通过道德意识反映人与自然相互作用及其发展规律。这类研究的典型代表是陈泽环教授。他认为人类在改造自然的过程中发展了人本身,包括群体和个性,并使主体获得越来越多的自由意识,即凝道而成德、显性以弘道。这一过程展现了冯契通过认识论和本体论统一的形式审视道德本质的思想。④

其二,道德与人的精神的关系问题。已有研究着重从人的精神角度分析冯契对道德主体的理解,阐释冯契关于人的德性的思想。如杨

---

① 李洪卫. 世界的逻辑构造与超越:冯契早期"智慧说"的思想进路初探 [J]. 杭州师范大学学报, 2020 (3): 27.
② 陈来. 冯契德性思想简论 [J]. 华东师范大学学报, 2006 (2): 39.
③ 陈泽环. 追求自由与善:冯契伦理思想初探 [J]. 吉首大学学报, 2002 (3): 13.
④ 陈泽环. 转识成智和万物一体:论冯契、张世英的道德哲学 [J]. 中共浙江省委党校学报, 2005 (2): 58.

国荣和晋荣东认为冯契视域中的德性由天性发展而来，这样的德性既是知、情、意的全面发展，也是真、善、美相统一的内在人格。①付长珍教授把德性理解为人的内在化品格与社会实践性品格的统一，强调冯契所理解的德性既关注道德个体也关注社会道德共同体。②丁祯彦教授则认为，人的精神力量知、情、意与道德价值密切相关，而善的道德必然是功利价值和内在价值的统一。③

其三，道德与自由的关系问题。已有研究着重从"化理论为德性"这一命题着手，重点阐释自由与人的本质的关系。如李振纲教授的相关研究就是一个很好的例子。他认为自由是"智慧说"的轴心，是人的本质的全面发展；自由问题是冯契"理想人格学说"的逻辑出发点，以及人道主义价值观追求的最高境界；道德价值问题是主体在社会关系中的自由问题，主要在于道德规范的正当性和道德行为的内在价值。④

第三，对冯契有关道德规范思想的研究。在这方面，已有研究成果主要包括以下三个方面：一是分析、阐述冯契如何在道德规范中贯彻道德理想，实现人的自由；二是分析、说明冯契如何将合理价值原则与人的自由相联系；三是分析、阐释冯契如何通过道德规范使人的行为成为自由的道德行为。

其一，道德规范与道德理想的关系问题。这类研究以戴兆国教授和曾春海教授为代表。戴兆国指出，道德理想变成现实需要具体化为道德规范，但只有既合乎社会发展规律，又合乎人性发展规律的道德规范才是正当的、合理的，而这也是道德行为自由的前提。⑤曾春海认为，只有在人人都享有尊严的自由王国中，人人才能被尊重，这就要

---

① 杨国荣，晋荣东. 化理论为德性 [M] //华东师范大学哲学系. 理论、方法和德性：纪念冯契. 上海：学林出版社，1996：220.
② 付长珍. 论德性自证：问题与进路 [J]. 华东师范大学学报，2016 (3)：138.
③ 丁祯彦. "承百代之流，而会乎当今之变"：略评冯契先生"智慧说" [J]. 唐都学刊，1998 (2)：90.
④ 李振纲. 化理论为德性：论冯契先生的自由价值观 [J]. 河北大学学报，1997 (3)：118.
⑤ 戴兆国. 冯契伦理思想探析 [J]. 淮阴师范学院学报，2003，25 (3)：604–605.

求道德规范不仅要体现社会历史发展规律的自由王国,还要反映人性的自由要求。①

其二,价值原则与人的自由的关系问题。这类研究以陈泽环教授为代表。他认为合理价值体系的原则就在于正确地解决天人关系、群己关系和理欲关系,从而使人的本质力量全面发展、个性原则和集体精神相互促进,以及人道与自然相统一。他还指出,冯契强调人们在处理人与自然、人与社会、人与自身等基本社会关系中应秉持合理的价值原则,这就有助于人类克服异化劳动,进行自由劳动,由必然王国走向自由王国。②

其三,道德规范与道德行为的关系问题。这类研究以王向清和蔡志栋为代表。王向清从群己关系视域着手分析道德行为的自由。他认为群体中的道德行为以形成、发展合理的人际关系为内容,以艺术化的伦理关系为形式;个体的道德行为要成为真正自由的道德行为,应是自觉与自愿的统一,这样人才能成为真正具有高尚品德的人。③蔡志栋分析了自由的道德行为的前提和特征。他强调自觉自愿的道德行为要以道德规范的确立为前提,并归纳了这种行为具有以下三个特征。一是道德规范是客观存在的,没有道德规范就没有评判行为的标准;二是人只有对道德规范有明觉,即理性认识,才能有效规范自己的行为;三是人选择和贯彻道德规范,与意志自愿性品格的发挥相联系。④

第四,对冯契有关道德实现思想的研究。道德实现思想主要是指冯契关于化理想为现实、化理论为德性的内容。在这方面,现有研究主要分析了理论化为德性的基本环节,以及在理想实现过程中德性培养的基本途径,主要集中在如下四个方面。

其一,在如何化理论为德性的问题上,已有研究主要从化理论为

---

① 曾春海. 冯契论中华文化心灵中的真善美 [J]. 长安大学学报, 2017 (5): 12.
② 陈泽环. 转识成智和万物一体:论冯契、张世英的道德哲学 [J]. 中共浙江省委党校学报, 2005 (2): 58-59.
③ 王向清. 论冯契的理想学说 [J]. 中国哲学史, 2006 (4): 97-98.
④ 蔡志栋. 回应冯契哲学研究中的几个问题 [J]. 学术界, 2016 (5): 102-103.

德性的具体内涵着手,重点阐述理论、理想和德性各自的含义及三者之间的关系,以及理论化为真、善、美统一德性的具体路径。如陈来分析说明了理论、理想和德性三者之间的关系,他认为,德性源于理论,而理论来源于理想,故化理论为德性就是化理想为德性。① 杨国荣和晋荣东在德性培养阐释中,解释了理论和德性各自的含义,阐述了理论内化为主体德性的必要性和具体过程,以及德性向理论渗透的具体环节,从而揭示了理论与德性相互沟通的内在机制。② 王向清和李伏清则在分析、说明真、善、美各自的含义及三者之间关系的基础上,阐述了在理想实现活动中真、善、美的理想如何成为现实的具体途径。③

其二,在如何通过人生理想培养自由个性方面,已有研究以真理性认识为起点,重点阐释人生理想的含义和内容,以及如何在改造世界和发展自我中培养自由个性。如吴根友从真理与人生理想的关系出发,分析真理之"真"转化为价值之"真"的过程,说明道德的真诚如何促进人们发现真理、培养个性自由的内容。④ 刘明诗从分析利和理、性和理的关系着手,强调人生理想的实现过程是自由的实现过程,即改变世界和发展自我的过程,以及主体由自在而自为的过程。⑤ 王向清、余华在分析人生理想含义及其前提的基础上,对包含真理性认识的人生理想如何满足人的本质需要并培养自觉人格进行了阐释,并强调人生理想化为现实主要是培养以自由个性、自由德性为内容的平民化自由人格。⑥

其三,在如何通过道德理想培养自由德行方面,已有研究以冯契

---

① 陈来. 冯契德性思想简论[J]. 华东师范大学学报,2006(2):39-40.
② 杨国荣,晋荣东. 化理论为德性[M]//华东师范大学哲学系. 理论、方法和德性:纪念冯契. 上海:学林出版社,1996:217-219.
③ 王向清,李伏清. 冯契"智慧"说探析[M]. 北京:人民出版社,2012:187-210.
④ 吴根友. 道德的真诚如何促进真理的发现:从冯契先生论"真与人生理想"说开去[M]//杨国荣. 追寻智慧:冯契哲学思想研究. 上海:上海古籍出版社,2007:99-107.
⑤ 刘明诗. 冯契与马克思主义哲学中国化[M]. 北京:人民出版社,2014:207-211.
⑥ 王向清,余华. 冯契的人生理想学说[J]. 社会科学家,2006(3):6-9.

对善的理解为前提,重点阐述冯契关于社会伦理关系和道德品质的思想。这类研究以王向清教授为代表。他认为对"善"的理解是研究冯契道德理想及其根据的前提。据此,他阐述了善的道德理想只有成为处理人和人际关系的规范,才能有效建构以爱和信任为内容的社会伦理关系,并提升人的道德境界。①他还阐释了冯契有关善与真和美相统一的思想,强调道德理想是否善的关键在于合乎人的本质发展需要。②

其四,在如何通过审美理想培养自由美感方面,已有研究主要从冯契关于美及自由美的界定出发,注重分析冯契有关审美理想的基础、构成、表现和实现路径。如王向清、李伏清等学者在分析美与真和善的关系的基础上,阐述了审美理想、道德理想和人生理想的关系,并阐发了审美理想化为现实对美的个性培养的作用。③张灵馨在分析审美理想相关概念的基础上,阐述了艺术理想的特征、构成和表现,以及审美理想化为现实对意志自由和理性明觉的作用。④

第五,对冯契伦理思想进行评价的问题。评价一种思想必然要将其置于历史发展的过程中,才能切实有效地对这种思想进行比较准确的掌握。目前,评价冯契伦理思想的研究成果主要围绕以下三个问题展开。

其一,在总结冯契伦理思想理论特征的问题上,已有研究主要归纳了冯契伦理思想某一部分或某个环节的特征。典型观点有以下三种。第一种以陈泽环教授为代表。他在分析、比较冯契、张世英的道德哲学时指出,冯契重点从社会实践角度出发研究伦理问题,并将实践视为沟通意识和存在、精神和自然界之间的桥梁。⑤第二种以王南湜教授为代表。他认为,冯契的"智慧学说"是最富民族传统特色的学说,

---

① 王向清,余华. 冯契的道德理想学说[J]. 湘潭大学学报,2008(2):125-128.
② 王向清. 论冯契的理想学说[J]. 中国哲学史,2006(4):93-95.
③ 王向清,李伏清. 冯契"智慧"说探析[M]. 北京:人民出版社,2012:202-210.
④ 张灵馨. 冯契论美与审美理想[J]. 知与行,2019(4):148-153.
⑤ 陈泽环. 转识成智和万物一体:论冯契、张世英的道德哲学[J]. 中共浙江省委党校学报,2005(2):58.

它为中华民族价值理想的重建奠定了方法论基础。[1] 第三种以王向清教授为代表。他在考察冯契自由学说的基础上，概括、总结了冯契自由思想具有实践性、综合性、过程性和相对性四个特征。[2]

其二，在评价冯契伦理思想理论贡献的问题上，已有研究多从冯契对已有思想资源的批判继承着手，重点阐释冯契伦理思想对马克思主义伦理思想中国化以及中国传统伦理思想转化和发展的贡献。典型观点有以下三类。第一类以张应杭和胡振平为代表。张应杭强调，冯契将理想范式引进认识论，不仅为马克思主义哲学"解释世界"和"改造世界"的统一提供了环节，还为马克思主义确立真、善、美的理想人格提供了落脚点；[3] 胡振平认为，冯契提出的通向自由之路的方法和人格培养学说，突破了传统教科书体系的桎梏，为学界从马克思主义哲学的高度阐释"以人为本""和谐发展"提供了理论基础。[4] 第二类以蔡瑞雪、陈卫平和张汝伦为代表。蔡瑞雪和陈卫平阐述了冯契对中国传统哲学智慧的继承与发展，以及冯契"智慧说"在中国传统智慧现代转化过程中的贡献。[5] 张汝伦则通过分析冯契在中国现代哲学史上的地位，强调冯契会通中、西、马三种哲学传统的目的在于对当代中国问题的思考。[6] 第三类以王向清和李伏清为代表。他们分析说明了冯契如何运用实践唯物主义辩证法审视现代新儒学，并阐述了冯契对现代新儒学的批判进路，在此基础上，他们阐述了冯契如何充分汲取多种学派精华而实现对其超越的致思路径。[7]

其三，在阐述冯契伦理思想启示的问题上，已有研究主要从当代

---

[1] 王南湜. 重建中华民族的价值理想：中国马克思主义哲学一条未彰显的发展路径及其意蕴[J]. 学习与探索, 2017 (7)：5.
[2] 王向清. 冯契的自由学说及其理论意义[J]. 湖南师范大学学报, 2008 (1)：6.
[3] 张应杭. 论冯契的理想观对马克思主义哲学的理论贡献[J]. 华东师范大学学报, 2016 (3)：45.
[4] 胡振平. 反思推动理论创新：以冯契对马克思主义哲学第二次中国化的贡献为例[J]. 江苏行政学院学报, 2016 (6)：5.
[5] 蔡瑞雪, 陈卫平. "世界性百家争鸣与中国哲学自信：纪念冯契百年诞辰"国际学术研讨会综述[J]. 哲学动态, 2016 (5)：108.
[6] 张汝伦. 冯契和现代中国哲学[J]. 华东师范大学学报, 2016 (3)：27.
[7] 王向清, 李伏清. 冯契"智慧"说探析[M]. 北京：人民出版社, 2012：276.

伦理思想的发展现状出发，重点阐释冯契伦理思想对当代伦理学发展与价值体系建设的启示。典型观点有以下两类。一类以陈泽环教授为代表。他认为冯契运用认识论、本体论和价值论相统一的方法审视道德本质的思想使国内伦理学界对道德本质问题的研究从社会学论证深化至哲学论证。① 另一类以朱贻庭和陈卫平为代表。朱贻庭明确指出，冯契启示我们当今社会的价值重建要坚持大众的方向。② 陈卫平认为，冯契有关价值体系建设和以人民利益为价值取向的思想，以及将理论贯彻于群众为根本宗旨的"两化"路径，对于今天构建以"人民为中心"的中国特色哲学社会科学具有示范作用。③

2. 国外研究动态

国外没有以冯契伦理思想为个案的论著，但有关冯契哲学贡献、价值原则的论文相对比较丰富。在世界范围内，目前主要有成中英（美国）、林同奇（美国）、樋口胜（日本）、Jana S. Rosker（斯洛文尼亚）等学者，其中比较有影响的是成中英与樋口胜。

成中英从整体上总结了冯契哲学思想的贡献，其中关于冯契伦理思想贡献的内容主要包括以下四个方面：将智慧视为实用方法性和实践规范性的统一；从"智慧说"层面审视中国传统哲学，明确哲学家在中国文化发展与价值创造中的任务；会通了中国传统逻辑思维与西方逻辑学，提出了认识世界和认识自己及相关本体论题；从心性角度探讨了知、情、意与真、善、美。成中英的结论是，冯契的贡献在于将"智慧说"、价值哲学与中国传统哲学的现代化紧密相连，并通过将三者统一的形式进行整体的理论建构。④ 同时，成中英还对冯契"智慧说"中包含的西方近代理性主义、中国哲学、唯物主义辩证法等思想资源进行了阐释，揭示了冯契"智慧说"从方法到智慧、从智慧到自由的基本思路。在他看来，冯契理解的文化创造过程也是人类价值创

---

① 陈泽环. 追求自由与善：冯契伦理思想初探[J]. 吉首大学学报, 2002（3）：15.
② 朱贻庭. 社会价值重建要坚持价值导向的大众方向[J]. 探索与争鸣, 2016（9）：38.
③ 陈卫平. 哲学家的脚步如何走向大众[J]. 探索与争鸣, 2016（9）：46-49.
④ 成中英. 冯契先生的智慧哲学与本体思考[J]. 学术月刊, 1993（3）：3-7.

造和提升自己的过程，如果将这个过程与中国易学相结合，可归纳为一套本体哲学、宇宙哲学和道德哲学，这对当前用道德文明培养现代化的君子文明具有导向作用。①

樋口胜从价值哲学角度探讨冯契有关功利原则与真、善、美关系的思想。他从比较哲学视域出发，强调正确掌握冯契的功利原则要注重以下三个方面：其一，功利原则根植于现实生活而不是超现实的形而上之中；其二，功利原则建立在人民的社会实践和利益的基础之上；其三，真、善、美作为人的内在价值，离不开人的需要和社会实践，也就是说，冯契认同以功利的手段实现真、善、美的价值。②

综上所述，冯契伦理思想的内容丰富多样，如何准确把握其基本内容，并使之取得当代伦理思想的形态，是伦理学发展和当代道德文明建设的一个难题。对这一问题进行分析研究，是进一步研究冯契伦理思想的必由之路，也是推进伦理学研究和道德体系建设的客观要求。

（二）主要问题和研究空间

相关研究不乏创见之作，各自为冯契伦理思想的研究作出了贡献，上面已对代表性成果及相关观点作出了评价。我们发现，其中也存在问题，这也为本书的研究留下了进一步探讨、发展或突破的空间。

1. 主要问题

从现有研究成果来看，其中存在的问题可以概括总结为以下六个方面。

其一，阐述冯契伦理思想基本内容、原则的居多，缺乏综合创新。不少成果只是根据冯契伦理思想的某一部分或某一问题，重复阐述其内在包含的道德观点，缺乏从整体上阐述对冯契伦理思想的研

---

① 成中英. 人的本体发生与智慧发展：从方法到智慧，从智慧到自由[J]. 华东师范大学学报，2016（3）：50-58.
② 樋口胜. 试论冯契价值哲学中的功利原则[M]//杨国荣. 追寻智慧：冯契哲学思想研究. 上海：上海古籍出版社，2007：157-162.

究。同时，很多研究成果局限于智慧、德性、自由的主题，着重对冯契伦理思想的某一范畴或部分内容进行分析阐释、论证辩护，缺乏综合创新。

其二，在冯契伦理思想的形成和发展方面，现有成果大多不能将冯契伦理思想形成和发展的时代背景、思想资源及哲学基础紧密联系。有的只遵循单一理论问题（如冯契伦理思想某些观念与时代的关系等）或历史进程，使其中一些"理论单元"形成孤立片段，我们关心的问题"全部"或"整体"未能得以充分、完整和全面地研究。有些研究在阐述冯契伦理思想时，存在忽视冯契伦理思想生成逻辑与其理论基础的考述，存在忽视冯契伦理思想与冯契"智慧说"哲学体系整体之间内在关系的情况，故而现有成果不能满足系统把握冯契伦理思想的要求。

其三，冯契的道德本质思想未能得到充分阐释，已有研究对其中某个方面或个别问题的研究居多，尚少有全面系统的理论建构。在冯契对道德意识、实践精神、自由的阐述中包含人的本质观点，但在已有成果中被忽略了，没有被提到应有位置作为基础性问题来对待。在某种程度上，道德本质问题其实也是人的本质问题。如果我们缺乏对冯契有关人的本质思想的系统性研究，是很难全面有效把握冯契道德本质思想的。

其四，冯契的道德规范思想与人的自由之间的关联没有引起研究者的足够重视。道德规范作为道德理想的具体化，是对自由的追求，在很多关于冯契道德规范思想的研究成果中虽被提及，但缺乏从自由角度出发把握冯契的道德规范思想的成果。从人的自由着手研究冯契的道德规范思想可以发现，道德规范作为道德理想的分化，既要合乎价值原则，也要为道德行为提供准则，这样才能切实有效地规范人的行为。因此，如果不关注人的自由与道德规范的关联，即使对道德规范本身的研究达到可能的某种深刻，但总体上对冯契的道德规范思想的研究也很难做到可能的全面、完善和系统。

其五，在德性与价值的关系问题上，现有成果大多不能使其紧密联系。现有研究注重分析冯契化理论为德性的具体环节，但对贯穿于

化理论为德性过程中的价值体系的实现的重视程度不高。在冯契看来，合理价值实现的过程便是理论化为德性的过程。许多研究成果虽然阐述了冯契有关人生理想、道德理想和审美理想各自的含义、构成和实现路径，但未深入探究在道德实现活动中真、善、美与人的德性的含义及二者的关系。

其六，在评价冯契伦理思想的问题上，现有成果对冯契伦理思想的理论特征还缺乏系统的总结，并且对其与伦理学研究和道德体系建设的关系也缺乏深度的结合和科学的评价。已有成果注重分析冯契伦理思想中某一部分的特征或特征中的某一方面，缺乏比较全面的总结概括。现有成果重点阐释了冯契伦理思想在马克思主义伦理思想中国化进程中的地位和贡献，而对冯契伦理思想与中国传统伦理思想及现当代儒家伦理思想关系的重视程度不高。此外，许多研究成果还分析了冯契有关价值体系导向的思想对当代价值体系建设的启示，但对合理价值体系与当代道德体系建设的整合尚缺乏全面深入的研究。

综上所述，现有成果尚不能满足进一步系统全面把握冯契伦理思想的要求，需要综合创新，进一步探讨、发展或突破。

2. 研究空间

对冯契伦理思想的研究，随着当代伦理思想朝着系统深化的研究态势不断推进。其中，进一步探讨或突破的空间有如下四个方面。

第一，加强对冯契伦理思想形成发展的系统研究。就已有成果而言，对冯契伦理思想形成发展的研究分别集中于历史演变、思想渊源或哲学基础等方面。这不仅使冯契伦理思想与时代问题的历史演变没有得到适当区分，而且对冯契传承发展马克思主义伦理思想、中国传统伦理思想及西方伦理思想的内容也没有系统阐述，甚至对冯契伦理思想与冯契哲学思想的联系也缺乏深度研究。随着学界对冯契伦理思想研究的日益深入，系统研究冯契伦理思想的形成和发展，应是全面认识和把握冯契伦理思想的必经之路。

第二，加强理论共识基础上的深化研究。目前，学界在研究冯契伦理思想的相关议题上已取得众多共识，如智慧、人的本质、德性、

自由、理想等，但其中掺杂着部分低水平的重复研究，并且研究成果的数量和质量也不成正比。因此，对冯契伦理思想的研究，未来不能简单重复已有共识，而应以此为起点，即从人的本质角度着手研究道德本质，阐释冯契有关道德与意识形态、实践精神关系的思想；从人的自由角度出发研究道德规范，阐释冯契有关道德规范与道德理想、价值原则、道德行为关系的思想；从人的德性的角度入手研究道德实现，阐释冯契在化理论为德性过程中培养真善美统一德性的思想。这样才能更深入地把冯契伦理思想推向理论建构、实践机制等问题的研究，否则本书的研究水平将很难有实质性的提升。

第三，加强逻辑共识基础上的深化研究。冯契提出"化理论为方法，化理论为德性"的命题，主张通过运用认识辩证法将哲学理论化为认识世界和改造世界的方法，以及认识自我和发展自我的德性。对此，理论和方法、理论和德性相结合的辩证思维逻辑已成为学界研究冯契哲学思想的逻辑共识。不过相关研究仍集中在对化理论为方法、化理论为德性各自本身的探讨，缺乏对方法与德性关系，以及如何将方法和德性上升为理论的研究。这种不平衡不但使命题本身缺乏有力支撑，而且极易使研究结论附上主观臆断的色彩。这显然不利于冯契伦理思想融入当代伦理思想的发展潮流。因此，加强理论、方法和德性三者之间关系的扎实研究，并以此把握冯契伦理思想，具有重要的现实意义。

第四，加强对冯契伦理思想与其他伦理思想体系的比较研究。冯契伦理思想形成并发展于"古今中西"之争的背景下，其基本内容包含中西方伦理思想的积极成果。这就从客观上要求我们从比较中把握冯契伦理思想，重点阐述在冯契伦理思想形成和发展过程中，不同思想体系的影响，以及冯契伦理思想在马克思主义伦理思想中国化以及中国传统伦理思想转化和发展中的价值。这样不仅有助于我们更好地研究冯契伦理思想，而且有助于冯契伦理思想更好地融入当代伦理思想的发展当中，发挥其对伦理学研究、道德本质研究和道德体系建设的价值。

三、研究内容、思路及方法

通过对国内外已有成果的研究，我们在反思、总结其中的主要问

题，并在发展空间的基础上，确定了本书所要研究的核心问题，即在道德生活中，冯契如何凭借智慧化理论为德性？或者说，理论、方法和德性相结合的"智慧说"内在逻辑在伦理学领域如何体现？而对这一问题的回答也就是本书的研究对象，即冯契有关道德生活和道德品质的理论内容。依据本书的研究问题、研究对象，下面对本书的相关概念、内容、思路和方法进行详细阐释。

（一）相关概念的界定

研究冯契伦理思想，首先要明晰冯契伦理思想的相关概念。冯契伦理思想的核心概念主要包括以下四个方面。

第一，"伦理思想就是人们道德生活与道德品质的理论表现"[①]。伦理思想即伦理学说，冯契在《关于中国近代伦理思想研究的几个问题》导论部分曾明确指出："伦理学说是人们的道德生活、伦理关系和道德品质的理论表现，其中也有关于道德革命的学说，但不是讲道德生活的变革过程本身。"[②] 在这里，伦理思想或伦理学说涉及价值观问题、道德和利益的关系问题、理智和意志的关系问题、社会伦理关系的问题、道德品质的培养问题，这些也是本书将要展开讨论的主要内容。

第二，"道德既是反映社会关系的准则、规范，同时又是发自内心的要求"[③]。冯契认为，人们在生产劳动中结成社会关系，人的一切行为就在社会关系中进行，而这种关系有其应当遵循的准则，即道德规范、道德准则。同时，道德的主体是人，一个一个的人都是主体，都是目的，因此，道德行为要建立在人道，即仁爱原则的基础上，建立在自觉自愿的基础上。

第三，"理论是指哲学理论、指智慧，也就是关于宇宙和人生的某种见解、某种真理性的认识，它和人的自由发展是密切相关的"[④]。在

[①] 冯契. 冯契文集：第8卷［M］. 上海：华东师范大学出版社，2016：317.
[②] 同①，第320页.
[③] 冯契. 冯契文集：第3卷［M］上海：华东师范大学出版社，2016：164.
[④] 同③，第252页.

化理论为德性的过程中，理论作为关于世界观、人生观的智慧，是德性获得培养的前提。不过，理论作为一种概念结构，需要取得理想形态，这样才能激发人的感情，为理论内化为人的德性提供基础。

第四，德性在冯契伦理思想中具有丰富的内涵，主要包括以下三点。其一，德性是善的品质、品德，"人的善的品质是一个发育的过程，……如爱国主义、勤劳这些品德，尽管有层次上的差别，但都是道德，而且经过实践和教育，都可以提高"[1]。其二，德性是人格。冯契认为，在阐述化理论为德性过程中，强调"真诚地、锲而不舍地在言论、行动、社会交往中贯彻理论，以至习以成性，理论化为自己的内在德性，就成立自己的人格"[2]。其三，德性是人的本质要求自由的体现。冯契认为"人的本质是一种由天性发展而来的德性"[3]，其中的"德性"正是人的本质要求自由的体现。

总体而言，上述概念为本书更好地研究冯契伦理思想提供了条件，并且这些概念涉及冯契伦理思想的形成、内容和评价等各个方面。

（二）主要内容

依据总体问题、研究对象和相关概念，大体上形成了五个方面的内容。这五个方面内容相应地构成了本书的五个章节。

第一，冯契伦理思想的历史演变和理论基础。该问题是整个研究的前提和基础，由以下三个部分组成。一是冯契伦理思想的历史演变；二是冯契伦理思想的思想渊源；三是冯契伦理思想的哲学基础。上述这些涉及冯契伦理思想主要范畴和核心问题的历史演变，以及影响冯契伦理思想形成及发展的思想体系和哲学内容。

第二，人的本质与道德本质。该问题是本书研究的中心和重点，主要由以下三部分组成。一是道德是一种意识形态；二是道德的反映形式及精神实质；三是道德的自由本质及实现方式。上述这些涉及冯契有关道德本质思想的重点在于人的本质与道德的关系，重点考察人

---

[1] 冯契. 冯契文集：第3卷［M］. 上海：华东师范大学出版社，2016：191.
[2] 冯契. 冯契文集：第1卷［M］. 上海：华东师范大学出版社，2016：17-18.
[3] 同[1]，第31页。

的本质发展规律在道德意识中的表现，人的行为和要求在道德规范中的体现，以及人的自由本质及其实现在道德中的展现。

第三，人的自由与道德规范。该问题与上一个问题同为本书的中心和重点，主要由以下三个部分构成：其一，道德规范是对自由的追求；其二，道德规范的价值原则；其三，道德行为就是合乎规范的行为。上述涉及冯契有关人的自由与道德规范关系的思想，侧重于考察自由在道德规范的根据、内容和价值原则中的体现，以及道德行为按照道德规范展开的基本条件。

第四，人的德性与道德实现。该问题也是本书研究的中心和重点，主要由以下四个部分构成：一是化理论为德性；二是真与人生理想的实现；三是善与道德理想的实现；四是美与审美理想的实现。上述涉及冯契有关道德实现思想的关键在于人的德性，这是由于人的德性是理论化为现实、理论化为德性的落脚点，是真、善、美统一的品格，具体包括三个维度，即人生理想实现过程中自由智慧的发展；道德理想实现过程中自由德行的培养；审美理想实现过程中自由美感的养成。

第五，冯契伦理思想的理论特征和当代价值。从整体上评价冯契伦理思想，主要包括三个方面，即归纳总结冯契伦理思想的理论特征；分析阐述冯契伦理思想对马克思主义伦理思想中国化以及中国伦理思想转化和发展的贡献；研究说明冯契伦理思想对当代伦理学发展和道德体系建设的启示。

综合来讲，本书将在全面、系统研究冯契伦理思想的基础上，阐述化理论为德性的各个方面，从而使冯契伦理思想更好地融入当代伦理思想发展的潮流中。

（三）基本思路

以上所述本书的研究对象、主要内容，决定了本书的基本研究思路具体包括以下三个部分。

第一部分，冯契伦理思想的形成与发展。该问题是本书展开的前提和基础，主要由三个部分构成，对应本书的第一章。

其一，研究冯契伦理思想的历史演变问题，主要阐释冯契的伦理

思想在冯契学术活动早期、中期和后期等各个阶段的变化。其二，研究冯契伦理思想的思想渊源问题，着重分析冯契伦理思想的思想资源，即马克思主义伦理思想、中国传统伦理思想和西方伦理思想。其三，研究冯契伦理思想的哲学基础问题，重点论述冯契"智慧说"为冯契伦理思想提供的认识论、方法论及本体论等哲学基础。上述研究是冯契伦理思想的基本内容和总体评价得以展开的前提，只有明晰冯契伦理思想的生成逻辑，才能更好地阐述冯契伦理思想的基本内容，并切实有效地从整体上评价冯契伦理思想。

第二部分，冯契伦理思想的基本内容。该问题是本书的主体部分，主要由三个部分构成，对应本书的第二章、第三章和第四章。

其一，人的本质与道德本质。该部分主要从冯契有关人的本质思想出发，通过认识论、本体论和价值论相结合的方法阐述冯契对道德的认识，重点在于从认识论角度揭示道德作为特殊的意识形态对人的本质力量及其发展规律的反映；从本体论角度阐释道德对社会关系准则和人内心要求的反映；从价值论角度阐释道德与人的自由本质的关系。

其二，人的自由与道德规范。该部分主要以冯契有关人的自由思想为出发点，着重分析自由在道德规范的根据、内容和原则中的体现。具体在于阐释道德规范与人性发展规律、社会发展规律的关系，以及道德规范取得理想形态的内容；阐释道德规范价值原则的内容；阐述道德规范与人的行为的关系，以及如何使人的行为成为自由德行的内容。

其三，人的德性与道德实现。该部分在阐释化理论为德性具体内涵的基础上，阐释真、善、美统一的自由德性及其实现过程。具体包括以下三点：一是阐述以真理性认识为依据的人生理想在实践活动中如何发展自由的智慧；二是阐释道德理想在实践活动中如何在社会伦理关系中使人的行为成为自由的德行；三是阐述在审美理想的实践活动中如何培养自由的美感。

以上三个方面内容在化理论为德性的过程中形成了一个系统机制，其中道德本质是化理论为德性的基础，道德规范是理论成为德性的关

键环节，道德实现是理论成为德性的落脚点。因此，上述三个方面内容的研究可以使冯契伦理思想的内容更加系统和完善，这就为准确把握冯契伦理思想的理论特征和当代价值提供了基础。

第三部分是冯契伦理思想的总体评价。该问题在对上述研究工作进行提炼、概括和整合的基础上，重点阐释冯契伦理思想的理论特征和当代价值。这部分由三个方面构成，对应本书的第五章：一是总结、概括冯契伦理思想的理论特征；二是分析、阐释冯契伦理思想对马克思主义伦理思想中国化，以及中国传统伦理思想转化和发展的贡献；三是分析、阐释冯契伦理思想对当代伦理学研究和道德体系建设的启示。

通过上述研究，本书这三个部分的具体展开应当切实简洁、层次分明、逻辑自洽，这样才能进行综合创新，切实深化对冯契伦理思想的研究。

（四）主要方法

正确的研究方法对研究质量和进展以及最终结果的可信度与可行性至关重要，可以使研究有步骤、有目的、有系统地进行，本书在科学而可信的方法基础上形成创新的学术观点。主要采取如下四种研究方法。

第一，文献分析法。本书以冯契的专著、论文、书信为基础，以已有研究成果为参照，围绕化理论为德性的核心问题，收集、整理、分析、提炼冯契伦理思想的基本观点，并从中揭示冯契伦理思想中包含的理论、规范和实践相结合的内在逻辑。

第二，历史与逻辑相结合的方法。冯契不仅是一位哲学家，还是一位哲学史家，这就从客观上要求我们研究冯契伦理思想时需要运用历史和逻辑相结合的方法。具体而言，运用历史和逻辑相结合的方法研究冯契伦理思想，既要注重从某个范畴、某个观点的历史变化中归纳和提炼理论性认识，也要运用辩证逻辑的方法论对历史上的某个范畴或某个思想的"类""故""理"进行研判。

第三，比较的方法。比较显示优劣。一方面，本书将从历史角度出

发,对冯契伦理思想的主要范畴、命题在其学术生涯不同时期的具体内涵进行比较。另一方面,本书将对冯契伦理思想与马克思主义伦理思想以及中国传统伦理思想在相关伦理议题上的观点进行比较分析。这样才能有的放矢地分析冯契伦理思想的理论独特性和创新性,为本书提供有价值的理论支持。

第四,价值分析的方法。价值分析是哲学、伦理学主要使用的方法,正确认识冯契伦理思想的基本内容,需要根据时代发展的变化,分析其因素在不同时代发挥作用的情况,采取科学的价值分析方法,去伪存真、去粗存精,推陈出新,继承创新。

第一章
冯契伦理思想的历史演变和理论基础

马克思曾说过:"任何真正的哲学都是自己时代精神的精华。"①冯契就是一个积极回答时代问题,并努力表达时代精神的哲学家。他的思想就是对"中国向何处去",尤其是对思想文化领域"古今中西"之争的直接回应。为此,本章将在分析冯契伦理思想阶段性特征的基础上,通过分析、考察冯契伦理思想中包含的马克思主义伦理思想、中国传统伦理思想和西方伦理思想,阐释、说明冯契伦理思想与冯契"智慧说"哲学体系的关系,从而比较清晰地展现冯契伦理思想形成和发展的内在逻辑。

第一节 冯契伦理思想的历史演变

研究冯契伦理思想的历史演变,离不开对冯契哲学思想的形成和发展的探寻。目前,对冯契哲学思想形成和发展问题的探讨主要围绕知识和智慧的关系展开,已有研究主要围绕知识和智慧的关系这个核心问题,分析了早期(1935—1948年)、中期(1949—1976年)和晚期(1977—1995年)三个不同阶段冯契哲学思想的特征与内在逻辑,②揭示了早期"智慧说"和后期"智慧说"的核心理念与路径。③冯契

---

① 马克思,恩格斯.马克思恩格斯全集:第1卷[M].北京:人民出版社,1956:121.
② 洪晓楠,张增娇.冯契的哲学观[J].大连理工大学学报(社会科学版),2006(2):59.
③ 李洪卫.世界的逻辑构造与超越:冯契早期"智慧说"的思想进路初探[J].杭州师范大学学报(社会科学版),2020(3):27.

伦理思想作为哲学思想的组成部分，其形成发展必然带有冯契哲学思想形成和发展的共性，但也不能忽视冯契伦理思想形成和发展的特殊性，即围绕理论和德性关系问题对如何培养自由德性的探索。

一、早期冯契伦理思想（1935—1948年）

自1935年至1949年新中国成立，冯契为求解"中国向何处去"的时代问题不断进行理论探索。1935—1944年，冯契先后跟随冯友兰、金岳霖、汤用彤等人学习哲学。在此期间，他先后接触了马克思主义哲学、中国传统哲学及西方哲学，并在比较中选择了马克思主义作为回答时代问题的"钥匙"。在那个时代，"很多人在'一二·九运动'和抗战中接受了马克思主义，认为马克思主义能救中国"[①]。但冯契真正以马克思主义为信仰，是在抗战期间接触毛泽东的哲学著作之后。他曾说道："毛泽东的《论持久战》，是我在山西抗战前线读到的。当时给前线战士带来的兴奋和所起的思想解放作用，没有亲身经历、体验过的人是难以想象出来的。"[②] 总体来看，冯契在比较分析中、西方哲学的过程中，自觉选择并运用马克思主义解决知识与智慧、理论与德性的关系问题，这在他撰写的《智慧》《中西文化的冲突与汇合》《论自由主义的本质与方向》等论文当中均有所体现。

第一，"理想人格如何可能"这个问题的提出源于冯契与其导师金岳霖的讨论。金岳霖在《论道》中从区分知识论和元学的态度出发，力图解决科学与人生的矛盾。为此，金岳霖提出"知识论的裁判者是理智，而元学的裁判者是整个的人"的观点。[③] 当金岳霖就《论道》征询冯契的意见时，冯契认为这种区分的态度是有问题的，他说："理智并非'干燥的光'，认识论也不能离开'整个的人'，我以为认识论不应限于知识的理论，而应该用 epistemology 来代替 theory of knowledge。"[④] 由此出发，冯契指出，广义认识论不能局限于知识的理论，

---

① 林在勇. 冯契学述[M]. 杭州：浙江人民出版社，1999：8.
② 同①.
③ 金岳霖. 论道[M]//金岳霖全集：第2卷. 北京：人民出版社，2013：21.
④ 冯契. 冯契文集：第1卷[M]. 上海：华东师范大学出版社，2016：6.

还应该探讨"元学如何可能"以及"理想人格如何可能"的问题。

在《智慧》一文中，冯契从中国传统认识论出发，提出通过具有思辨意义的"观"来区分意见、知识和智慧的观点，即"以我观之"（意见）、"以物观之"（知识）和"以道观之"（智慧）的思想①。他又用"观"统摄意见、知识和智慧，指出认识对象不仅包括意见、知识，还包含意欲、情感，并强调情欲的善恶与认识的偏正一致，所以，"义愤、仁爱，以及各种道德的行为，就又和正确的人生相关联"②。据此，冯契认为，要"从认识着手以求智慧，常需涵养为辅助。从涵养着手，在情意上打破人我的界限，却也可以进入元学的领域"③。由此可见，冯契从认识论着手探讨了道德行为与人生观的关系，强调要通过道德涵养贯通理智和情感，使人拥有智慧，这就初步揭示了理智和情感、智慧与德性的关系，也为之后的进一步探索提供了伦理议题。

第二，初步探讨了人的自由问题。如前所述，在接触《论持久战》《新民主主义论》等毛泽东哲学著作后，冯契开始对马克思主义心悦诚服。毛泽东的哲学著作是运用马克思主义立场、观点和方法解决中国现实问题的典范之作，直接启发了冯契运用实践唯物主义辩证法解决伦理问题。这种启发主要表现在他对中西文化矛盾及自由问题的分析阐述之中。在《中西文化的冲突与汇合》一文中，冯契从唯物史观出发，对"中国本位论"和"全盘西化论"④进行了猛烈的批判。在他看来，"中国本位论"和"全盘西化论"都是不可取的，只有以"人民为本位"，才能解决中西文化矛盾。同时，他还指出反帝是继承传统，反封建是学习西洋，只有将本国传统和西洋思潮结合起来进行研

---

① 冯契．冯契文集：第9卷［M］．上海：华东师范大学出版社，2016：2．
② 同①，第8页．
③ 同①，第9页．
④ 在冯契看来，中国本位论以梁漱溟、张君劢等人为代表，通过批判西方科学发展的弊端，强调中国传统文化的优越性，本质上是变相的"中体西用"论，与历史潮流相违背；"全盘西化论"以胡适为代表，批评中国文化本位的立场，并冲击国粹主义思潮，主要介绍西方文明和科学、民主、自由思想，具有反对愚昧、反对独裁专制的进步作用，但他们忽视了中国的国情和近代社会的性质．参阅：冯契．冯契文集：第7卷［M］．上海：华东师范大学出版社，2016：374、340－345．

究，才能产生新的中西汇合的文化①。

在《论自由主义的本质与方向》一文中，冯契从群众史观的角度着手，通过阶级分析的方法阐述了个性与共性、集体主义与个人主义的关系，揭示了自由主义的本质与方向。在该文中，冯契依据人们的地位、属性和利益将他们划分为上层、中层和下层，提出自由主义者是社会的中间层，并强调自由主义是中间层的意识形态，具有不偏性，即中间性的特征。进而在比较自由主义与集体主义和个人主义关系的基础上，冯契指出，自由是个人与社会、个性与社会性的统一，强调个人自由需要一个无阶级的完全平等的理想社会。在他看来，人们要"在求全体人民的解放中，解放自己；在打破整个社会的桎梏中，去获得个人的自由"②。需要注意的是，冯契虽然提出个人与社会的辩证统一，但他又着重强调社会的优先地位。因此，如果说在阐述自由主义与个人主义的关系中冯契有现实的认识，那么在阐述自由主义与集体主义的对立中冯契则缺乏对现实的认识，以致偏离了个体与群体辩证统一的原则。不过，冯契的这两篇学术论文是当时运用马克思主义哲学回答"古今中西"之争的代表作，即使在今天，他的基本观点对后人也具有深刻启示。

总体来看，这个时期冯契从实践的唯物主义辩证法出发，对智慧、"古今中西"之争、自由等问题都给予了精辟的回答，并初步探讨了理论和德性、理智与情感、集体与个体的关系等伦理议题。就冯契的学术生涯而言，这一阶段他对马克思主义理论的运用和智慧问题的探讨，为其中期和后期探究伦理问题提供了指引和方向。

二、中期冯契伦理思想（1949—1976年）

自1949年新中国成立至1976年，冯契的学术生涯经历了一个非常人所能想象的艰难历程。从青年时代"走自己的路不管别人说话"（旧译如此），到"保持心灵的自由思考"，冯契的伦理思想也随之不断

---

① 冯契. 冯契文集：第9卷［M］. 上海：华东师范大学出版社，2016：64-65.
② 同①，第76页.

发展。

这一时期，随着"中国向何处去"的时代主题由革命转为建设，冯契积极运用马克思主义解决现实问题，并努力促进理论与实践的结合。在1956年召开的第二次全国高等师范教育会议上，冯契提出"理论不仅要化为方法，还要化为内在的德性"的观点，强调要将马、恩、列、斯经典著作的基本原理转化为人们解决现实问题的方法，并帮助人们提升自身的思想觉悟。1973年1月30日，在致好友董易①的信中，冯契说道："常想起毛主席在'七千人大会'上引的'报任少卿'的那段话，以此鼓励自己，锻炼革命意志，并努力从群众中吸取新鲜知识。"② 晚年回忆时，冯契曾说，"我觉得脑袋毕竟是可以藏思想的仓库，只要保持心灵的自由思考，还是有条件使自己的探索进行下去"，而且"经过心灵的自由思考，经过系统的反思，我觉得对祖国的前途、社会主义的前进，都还是有信心的"③。

从贯彻理论联系实际到"保持心灵的自由思考"，冯契在这一时期紧密结合社会主义建设的时代主题进行理论探索，先后撰写了《怎样认识世界》④《谈谈革命的乐观主义精神》⑤ 等著作及相关论文。其中，有关伦理问题的内容可概括为以下两个方面。

一方面，什么是人的本质。在《怎样认识世界》《什么是人的本质？》《匹夫不可夺志也》等著作和论文中，冯契分析并阐释了人的本质的具体内涵，以及人与人相处应当遵循的原则等内容。

其一，人的本质是"有理性，能理解"和"劳动生产"，要求人们在处理社会关系中尊重人的意志。在《怎样认识世界》一文中，冯

---

① 董易曾是冯契西南联大的同学，任中国社会科学院文学研究所副研究员。参阅：冯契. 冯契文集：第10卷［M］. 上海：华东师范大学出版社，2016：271.
② 冯契. 冯契文集：第10卷［M］. 上海：华东师范大学出版社，2016：272.
③ 冯契. 冯契文集：第1卷［M］. 上海：华东师范大学出版社，2016：15.
④ 《怎样认识世界》是冯契撰写的通俗小册子，于1957年由中国青年出版社出版。该书出版后，曾受到毛泽东同志的注意。参阅：毛泽东. 毛泽东书信选集［M］. 北京：人民出版社，1983：573；冯契. 冯契文集：第9卷［M］. 上海：华东师范大学出版社，2016：160.
⑤ 《谈谈革命的乐观主义精神》是冯契撰写的通俗小册子，于1955年由上海人民出版社出版。该书在出版后曾先后印刷三次，印数达310000册，在当时产生了一定的影响。参阅：冯契. 冯契文集：第9卷［M］. 上海：华东师范大学出版社，2016：89.

契指出,"怎样认识世界"的问题也就是怎样认识"我"的问题,而"我"作为革命实践的主体,关键就在于"有理性、能理解"。① 具体而言,理性是人类特有的能力,它既能帮助人认识和运用客观规律,也能为人的行动提供目的和方案。其二,人的本质在于劳动生产。在《什么是人的本质?》一文中,冯契指出"人的最根本的性质,乃是劳动生产"②。这是因为人的思维能力和意志力量是在生产劳动中发展的,语言、意识也是在生产劳动中形成的。其三,人们正确处理人与人的关系要以人道主义原则为基础。正是出于对人的本质的深刻理解,冯契在《匹夫不可夺志也》一文中,针对部分干部同志的形式主义偏向,强调在处理干群关系中要尊重人的意志、人的尊严,坚持人道主义基本观点。具体而言,干部和群众彼此要关爱,人与人之间要相爱,因为"没有爱,便没有革命的团结;而真正的爱必须建立在人道主义的基础上"③。

另一方面,培养革命的乐观主义精神。在《谈谈革命的乐观主义精神》一文当中,冯契在分析当时政治、经济和文化的成就的基础上指出,我们的时代是充满乐观主义精神的时代,并且"这对于我们的共产主义事业来说,乃是具有特别重要意义的事情"④。进而冯契以辩证唯物主义为指导,详细阐述了革命乐观主义精神的具体内涵,即革命乐观主义精神的基础是辩证唯物主义,并且真正的唯物主义者必然是革命乐观主义者。⑤ 由此出发,冯契通过理论和实践相结合的方法分析、说明了培养革命乐观主义精神的具体路径,具体有如下四个方面。

其一,从培养辩证唯物主义世界观的角度来看,冯契认为掌握辩证唯物主义世界观的主要途径也是培养革命乐观主义精神的主要方法,

---

① 冯契. 冯契文集:第9卷[M]. 上海:华东师范大学出版社,2016:184.
② 同①,第338页。
③ 同①,第380页。
④ 同①,第98页。
⑤ 冯契的这一观点是以斯大林的一段话为根据的。斯大林曾指出,"我第一次看见列宁处于失败者地位,他丝毫不像那些失败后就灰心丧气的领袖。恰恰相反,失败使列宁更加精神百倍,鼓舞自己的拥护者去作新的斗争,争取未来的胜利。"参阅:斯大林. 论列宁[M]//斯大林选集:上卷[M]. 北京:人民出版社,1979:177.

重点在于领悟马、恩、列、斯、毛经典著作基本原理的精神实质，进而指导现实工作并解决具体思想的问题。①

其二，从培养共产主义理想和信念的角度来看，冯契认为理想是"现实发展规律所提供的必然的可能性在我们头脑中的反映"，并指出它是一个抽象的、空洞的概念。故而理想"必须由生动的、感性的形象充实起来，然后才能在人们的灵魂里生根，成为真实的有力量的信念。而信念既经确立，革命的乐观主义精神也就从而产生了"②。由此出发，冯契指出，培养共产主义理想就是培养革命的乐观主义精神，需要人们在系统学习马克思列宁主义理论的基础上，认识和掌握现实社会发展规律，并积极在社会主义建设和社会主义改造的实践活动中锻炼自己。

其三，从锻炼意志的角度来看，冯契认为，培养革命乐观主义精神的问题也是锻炼意志的问题。意志薄弱的人会害怕困难、逃避困难，丧失实现理想的勇气，而意志坚强的人往往会勇敢面对困难、战胜困难，从而实现自己的理想。因此，人们应辩证地理解现实生活中的意志与革命乐观主义精神的关系，"只有坚强的意志和革命的乐观主义精神才能战胜困难"，并且"也只有在与困难作斗争中，才能锻炼意志与培养革命的乐观主义精神"③。

其四，从培养集体主义思想的角度来看，冯契认为培养革命乐观主义精神的问题就是培养集体主义思想的问题，即培养热爱祖国和人民的问题。在他看来，人们只要信赖祖国、依靠祖国、热爱祖国，担负起自身的道德责任与社会义务，就会获得源源不断的动力，满怀革命的乐观主义精神。

总体来看，冯契在这一时期探讨了人的本质、革命的乐观主义精神等问题，涉及人道主义原则、世界观、理想信念、意志、集体主义等伦理议题。这就表明，冯契比较自觉地以社会实践为基础，并灵活运用马克思主义理论解决人的现实生活问题和思想问题，这就体

---

① 冯契. 冯契文集：第9卷［M］. 上海：华东师范大学出版社，2016：118.
② 同①，第123页.
③ 同①，第127页.

现了理论和方法、理论和德性的结合。也就是说，冯契更加自觉地运用马克思主义解决现实问题和思想问题，并将智慧问题展开为对理论和方法、理论和德性问题的探讨，这就深化了早期冯契对马克思主义和智慧的认识，也为后期进一步探讨伦理问题提供了较为坚实的基础。

三、晚期冯契伦理思想（1977—1995年）

1977年，"中国向何处去"的时代主题由建设转为改革，冯契的学术生涯也随之翻开了崭新的一页。在致董易的信中，冯契谈道："多少年没有像现在这样欢乐过了，这是又一次真正的解放。我也在考虑：'烈士暮年，壮心不已'，还应该为人民多做点工作才是。'四人帮'被粉碎，再次证明我们这个党是有希望的。"① 正是出于对人民、对祖国的热爱，冯契积极关注时代问题，提出从改革视角进行理论研究的主张。他在1987年的一次会议发言中强调"我们正面临一个世界性的百家争鸣，哲学的若干问题也要以改革的眼光来看"②。但以改革的眼光研究哲学，并不是否定自身，他在1991年的一次学术讨论中强调，社会科学要走向世界，向其他民族学习必不可少，但并不能由此否定自身的民族特色，越有民族性的东西才越有世界性。

随着中国逐渐融入世界，冯契提出研究哲学要重视民族传统的观点。自20世纪80年代开始，冯契便自觉运用马克思主义系统考察了从先秦到1949年为止的两千多年的中国哲学史，从而形成了富有民族传统特色的"智慧说哲学体系"。"智慧说哲学体系"包含着已经形成的伦理思想体系。这一体系以社会实践为基础，以人的本质为起点，围绕理论和德性的关系问题，详细阐述了在理想实现活动中如何培养人的德性，实现人的自由。由此出发，这一时期冯契的伦理思想发展历程可以概括为以下三个方面。

第一，人的本质学说。在20世纪80年代初，冯契在分析阐释自

---

① 冯契. 冯契文集：第10卷［M］. 上海：华东师范大学出版社，2016：273.
② 林在勇. 冯契学述［M］. 杭州：浙江人民出版社，1999：272.

觉的人格①的过程中，阐述了人的社会属性以及共性与个性的关系问题，这些内容主要集中在《逻辑思维的辩证法》一书的第五章第三节中。在该部分，冯契从人的本质是一切社会关系的总和着手，在分析阐述将人的本质视为阶级性的危害的基础上，提出人在本质上是个性与共性辩证统一的观点。在他看来，将人的本质视为阶级性，既歪曲了马克思主义人的本质观点，也忽视了人的共性的其他方面及人的个性。进而，冯契提出并阐述了人性是共性和个性辩证统一的观点，具体如下。一方面，"从共性来说，在阶级社会中，阶级性是主要的，阶级关系制约着其他关系；但也不能忽视其他方面，包括人的自然的本质方面，即人的生物学的特征、人类学的特征，也是不能忽视的"②。另一方面，人性不仅包含共性，还具有个性，"正像生物有物种进化和个体发育两个方面一样，人的本质也有历史发展和个性发展两方面"③。在此基础上，冯契指出自觉人格的培养要以人的全面发展为目的，并强调要通过实践和教育、集体帮助和个人努力相结合的方法来实现人的全面发展。

到了20世纪80年代末90年代初，冯契在《人的自由和真善美》一书中专门用一个章节阐述人的本质问题。在这一部分，他以马克思主义中关于人的本质的观点为前提，指出人的本质是一个由天性发展而成的德性。可以发现，相比20世纪80年代初，这一时期冯契对人的本质的认识更加深刻，并且人的本质问题也成为冯契伦理思想的根本性问题。

第二，自由学说。20世纪80年代以后，冯契从哲学角度审视自由，并将其与人的精神相联系，这些内容主要集中在《逻辑思维的辩证法》一书的第八章第五节。在该部分，冯契对自由的理解主要包括

---

① 自觉的人格在这里是指人在合乎人性发展的环境中，通过革命的实践受到教育，从而充分发挥主观能动性，促使自身的个性健康发展。参阅：冯契. 冯契文集：第2卷［M］. 上海：华东师范大学出版社，2016：143.
② 冯契. 冯契文集：第2卷［M］. 上海：华东师范大学出版社，2016：139.
③ 同②。

以下三点。其一,冯契依据恩格斯的自由观点①,指出并阐释了自由要以必然性的知识为前提,不能将必然和自由视为互不相容的事物。进而,他还指出,自由的实现就是"人们以合理的目的作为行动的根据,通过手段作中介,达到主观和客观一致"②。其二,冯契以恩格斯有关自由意志的思想③为依据,指出意志自由要以规律性的知识为依据。其三,冯契在将自由和人格修养相结合的基础上,分析、阐释了戴震提出的"去私"与"解蔽"④。在他看来,"去私"是指贯彻集体主义,否定个人主义;"解蔽"是指用辩证唯物主义的观点来审视不同意见,以防止精神受到蒙蔽。冯契进一步指出,如果人能做到这两点,自由就能实现;也就是说,"人要获得自由,不仅要根据必然性的认识来支配自然界,还要能支配人类自身"⑤。由上述可见,这时冯契虽然将人的自由与人格修养相联系,但是他的目的是帮助人理解和把握必然之则,而非实现人的价值。

20世纪80年代末90年代初,冯契将自由视为理想的实现,这就使自由具有了深刻的价值内涵。在《人的自由和真善美》一书的提要中,他明确指出,全书上下的基本观点就是通过化理想为德性的实践活动,实现人的自由。具体而言,冯契通过分析自由与理想、自由与人的本质的关系问题,阐发了"要求自由是人的本质""自由是理想的实现""自由是真善美的统一"等一系列命题,从而形成了系统完善的自由理论体系。与20世纪80年代初相比,这时冯契不仅从认识论着

---

① 在《反杜林论》一书中恩格斯指出:"自由是对必然的认识",而且"自由不在于幻想中摆脱自然规律而独立,而在于认识这些规律,从而能够有计划地使自然规律为一定的目的服务"。参阅:马克思,恩格斯. 马克思恩格斯选集:第3卷[M]. 北京:人民出版社,2012:491.
② 冯契. 冯契文集:第2卷[M]. 上海:华东师范大学出版社,2016:308.
③ 恩格斯曾指出,"意志自由只是借助于对事物的认识来作出决定的能力",进而他指出:"人对一定问题的判断越是自由,这个判断的内容所具有的必然性就越大;而犹豫不决是以不知为基础的,它看来好像是在许多不同的和相互矛盾的可能的决定中任意进行选择,但恰好由此证明它的不自由,证明它被正好应该由它支配的对象所支配。"参阅:马克思,恩格斯. 马克思恩格斯选集:第3卷[M]. 北京:人民出版社,2012:492.
④ 戴震曾说:"人之不尽其材,患二:曰私、曰蔽。……去私莫如强恕,解蔽莫如学。"参阅:戴震. 原善:下[M]//戴震全集:第1册. 北京:清华大学出版社,1991—1999:7.
⑤ 冯契. 冯契文集:第8卷[M]. 上海:华东师范大学出版社,2016:309.

手研究自由问题,而且从价值论着手研究自由,从而使自由问题也成为冯契伦理思想的核心问题。

第三,理想学说。20世纪80年代初,冯契除探讨理想的含义和路径外,还探讨了理想与现实、理想与人格的关系,这些内容主要集中在《逻辑的思维辩证法》一书的第五章第四节。在该部分,冯契指出"理想是客观现实的反映、概括,又是人格的体现",而人格则是"人的本质力量的对象化"[①]。其中,人格即"我"的精神力量,而且这个"我"不仅是逻辑思维的主体,还是感觉和情感的主体,以及意志和行动的主体。冯契进一步指出:"这个统一的人格体现于思维,就集中表现在世界观、人生观上面。哲学是关于世界观的学问,哲学是世界观和人生观的统一。"[②] 也就是说,哲学作为世界观和人生观的学问,同时也是理想的蓝图。在此基础上,冯契将理想划分为革命理想、社会理想、道德理想、艺术理想、建筑师的设计等不同类型,并分别对之进行了阐释。可见,冯契这时虽将世界观和人生观视为理想的内容,但他似乎将界限不很明晰的理想观念都视为理想。20世纪90年代初,冯契在用九万多字阐释理想的基础上,通过分析并阐述人生理想、道德理想和审美理想,使他的"理想学说"成为系统完善的思想体系,详见本书第四章。

总体来看,从20世纪30年代到90年代,经过长达60年的理论探索,冯契将青年时代就开始关注的"智慧""人生""自由"等内容发展为富有智慧的伦理思想体系。这一思想体系以马克思主义伦理思想为指导,以中国传统伦理思想和西方伦理思想为参照,围绕理论和德性的关系问题而展开,展现了冯契伦理思想的实践性、民族性、过程性和包容性。

第二节 冯契伦理思想的思想渊源

在系统把握冯契伦理思想历史演变规律的基础上,可以发现,冯

---

① 冯契.冯契文集:第2卷[M].上海:华东师范大学出版社,2016:147.
② 同①。

契在金岳霖、冯友兰、汤用彤等"清华学派"①诸位学人和毛泽东的影响下，系统学习了中西方哲学，具有深厚的哲学素养。因此，为了更好地研究冯契伦理思想，就要明晰冯契伦理思想核心议题在马克思主义伦理思想、中国传统伦理思想及西方伦理思想中的具体内涵。

一、马克思主义伦理思想

有学者指出，"冯契的'智慧说'……是马克思主义哲学中国化的重大突破"②。可以说，这一论断准确把握了冯契的"智慧说"与马克思主义哲学的内在关联。早在青年时期，冯契就认识到"真正要搞哲学，就应该沿着辩证唯物论的路子前进"③。可见，马克思主义是"'智慧说'哲学体系"的指引，这就表明马克思主义伦理思想也是冯契伦理思想的指引。从这方面看，马克思主义伦理思想可归纳为以下两个方面。

一方面，马克思主义自由理论。众所周知，对自由理论的研究在我国很长的历史时期属于禁区，而社会主义建设中种种失误的出现也与自由的缺失密切相关。冯契作为这一时期的亲历者，在深入研究中国自由学说和西方自由学说的基础上，坚信马克思主义自由理论是解答时代问题的钥匙。由此出发，马克思主义自由理论可以概括为自由与必然、自由与劳动、自由与人的本质的关系等方面。

第一，在自由与必然的关系方面，马克思曾在其博士学位论文中谈道："在有限的自然里，必然性表现为相对的必然性，表现为决定论。而相对的必然性只能从实在的可能性中推出来，这就是说，存在

---

① 郁振华曾指出，"清华学派"有广义和狭义之称。广义的"清华学派"指当时清华人文社会科学等各个学科的代表人物，狭义的"清华学派"则特指清华大学哲学系的代表人物。参阅：郁振华. 冯契和清华学派 [J]. 华东师范大学学报，1996（2）：35. 张岱年曾总结"清华学派"的四个特点：其一，为振兴中华而追求真理；其二，以逻辑分析为主要方法；其三，建立融合中西的哲学体系；其四，区别学术与政治，胸襟开放。参阅：张岱年. 回忆清华哲学系 [J]. 学术月刊，1994（8）.
② 许全兴. 马克思主义哲学中国化的新突破：读冯契的"智慧说" [M] //杨国荣. 追寻智慧：冯契哲学思想研究. 上海：上海古籍出版社，2007：8.
③ 冯契. 冯契文集：第1卷 [M]. 上海：华东师范大学出版社，2016：12.

着一系列的条件、原因、根据等等,这种必然性是通过它们作为中介的。"① 也就是说,现实的可能性通过一定的条件而实现,便是相对的必然性。这就涉及必然性和偶然性的关系问题。马克思主义认为,把握现实可能性需要从必然和偶然的关系中把握事物,从偶然现象中发现必然规律,这样人才能在实践活动中实现自由。

第二,在自由与劳动的关系方面。马克思主义认为,人的自由劳动主要是在人与自然、主体和对象的交互作用中发展起来的。或者说,人的自由是在化自在之物为为我之物的过程中实现的,表现为人由自在而自为,越来越自由。马克思在《1844年经济学哲学手稿》一书中对人的生产与动物的生产做了明确的区别,"动物只是按照它所属的那个物种的尺度和需要来建造,而人则懂得按照任何一个种的尺度来进行生产,并且懂得处处都把固有的尺度运用于对象。"② 由此可见,马克思主义所谓自由的劳动,就是人在化自在之物为为我之物的过程中将人的劳动和对象物种的尺度相结合,使为我之物即劳动产品体现人的目的。这样人就由自在而自为,越来越获得自由。

第三,在自由与人的本质关系方面。马克思在《关于费尔巴哈的提纲》一书中指出:"人的本质不是单个人所固有的抽象物,在其现实性上,它是一切社会关系的总和。"③ 马克思这一论断经过马克思主义经典作家的阐释便具有了丰富的内涵,主要包括以下三点:一是人能够创造工具进行劳动;二是人们在劳动中形成了社会组织及社会制度;三是人在生产劳动中发展了理性能力,形成了意识。人的这些本质属性与人的精神的自由本质密不可分。马克思在《1844年经济学哲学手稿》一书中提出了劳动异化理论,强调异化劳动使人丧失了人的本质,即人的自由劳动的本质。据此可知,人在本质上追求自由就要经历并克服异化,并在化自在之物为为我之物的实践活动中大力发展生产力,

---

① 马克思,恩格斯. 马克思恩格斯全集:第40卷[M]. 北京:人民出版社,1982:205.
② 马克思,恩格斯. 马克思恩格斯选集:第1卷[M]. 北京:人民出版社,2012:57.
③ 同②,第139页。

实现人的自由。

作为马克思主义的信仰者，马克思主义自由理论的诸多观点在冯契伦理思想中都有所体现。如冯契依据马克思主义关于自由与必然的关系的思想指出，正确把握现实可能性中必然性和偶然性的关系，是人的自由的前提。这是因为，自由的实现就是人们将自己的需要与现实可能性相结合形成理想，又将理想化为现实的过程。如冯契依据马克思主义关于人的自由本质的思想指出，自由的生产过程就是化自在之物为为我之物的过程。他认为："人的本质力量是自在于主体之中的，而为我之物、文化则使人的本质力量成为自为的。"① 上述这些观点都充分展现了马克思主义自由理论对冯契伦理思想的指引，甚至可以说，冯契伦理思想是"具有中国特色的马克思主义自由新论"②。

另一方面，马克思主义的理想学说。冯契在阐释理想问题时，非常重视马克思主义的理想学说。他在《人的自由和真善美》一书中阐释理想问题时，多处引用马克思主义经典作家的著述，并以之作为依据。据此，马克思主义理想学说可以概括为以下两个方面。

第一，自由王国。恩格斯在《反杜林论》一书中曾分析并阐述了人类从必然王国向自由王国飞跃的问题。马克思在《资本论》一书中曾指出，人类自身能力的发展便是自由王国的开始。按照马克思、恩格斯的观点，人类从必然王国向自由王国的飞跃包括两个方面：一是物质生产合乎科学规律和人性发展规律；二是在生产力高度发达的基础上，人能以自身为目的发展自己的才能。这里的自由王国符合社会发展规律和人性发展规律，有助于个性的自由发展，使社会成为自由人的"共同体"。马克思、恩格斯曾站在社会解放的高度指出："只有在共同体中，个人才能获得全面发展其才能的手段，也就是说，只有在共同体中才可能有个人自由。"③ 因此，人类发展的最高目标是自由

---

① 冯契. 冯契文集：第3卷 [M]. 上海：华东师范大学出版社，2016：8.
② 许全兴. 马克思主义哲学中国化的新突破：读冯契的"智慧说" [M] // 杨国荣. 追寻智慧：冯契哲学思想研究. 上海：上海古籍出版社，2007：7.
③ 马克思，恩格斯. 马克思恩格斯选集：第1卷 [M]. 北京：人民出版社，2012：199.

王国，是合乎社会发展规律和人性发展规律的"共同体"，这样每个人才能自由而全面地发展自己，使社会成为自由人格的"共同体"。

第二，共产主义新人理论。马克思、恩格斯在《共产党宣言》一书中曾指出："每个人的自由发展是一切人的自由发展的条件"①。也就是说，共产主义新人是每个人的自由全面发展，本质上是人的本质力量的全面发展。恩格斯在《神圣家族》一书中指出，历史不以人为工具，历史的过程都是追求自己目的的人的活动的总和②。在恩格斯看来，历史是由现实的人、具体的人创造的，并且一个个的人的活动都是有目的的。马克思主义经典作家基本由此出发阐释共产主义新人的学说，如李大钊提出个性解放的革命人生观，毛泽东提出以个性解放和理性自觉为内容的"共产主义新人学说"。

在"马克思主义理想学说"的指引下，冯契结合中国传统的"理想学说"，提出了大同团结和个性解放的"社会理想学说"和真善美统一的自由人格。如冯契依据马克思主义关于自由王国的论述，强调"自由王国作为终极目标，完满地体现了人的本质力量。人的一切物质生产和精神创造活动，归根到底是以自由的、真善美统一的理想境界作为总的目标"③。

综上所述，马克思主义伦理思想涉及自由与劳动、自由与人的本质、自由与必然的关系，以及共产主义社会理想和共产主义新人学说等内容，这些为冯契探讨道德本质、道德规范和道德实现等伦理议题提供了指导，也为冯契研究中国传统伦理思想提供了基本观点和主要方法。

二、中国传统伦理思想

1957年，在参加北大召开的"中国哲学史讨论会"上，冯契提出了研究中国哲学史要秉持逻辑和历史相一致原则的主张，以及"哲学

---

① 马克思，恩格斯. 马克思恩格斯选集：第1卷[M]. 北京：人民出版社，2012：422.
② 马克思，恩格斯. 马克思恩格斯全集：第2卷[M]. 北京：人民出版社，1957：118－119.
③ 冯契. 冯契文集：第1卷[M]. 上海：华东师范大学出版社，2016：279.

是哲学史的主张""哲学史是哲学的展开"的观点。沿着这样的思路，20世纪80年代以后，冯契系统分析了中国传统哲学，并对中国传统的"自由学说"和"价值学说"进行了深入的思考。因此，为系统把握冯契伦理思想，就要对"自由学说"和"价值学说"在中国传统伦理思想中的具体内涵进行分析考察。

（一）中国古代伦理思想

为解决人的自由问题，冯契分析了中国古代的"自由学说"和"价值学说"，并使之成为其伦理思想的重要支撑。由此出发，中国古代伦理思想可以概括为以下三个方面。

第一，中国古代的"自由学说"。这一学说主要涉及人与自然、理智与意志的关系问题。

自由问题首先是人和自然的关系问题。中国古代哲学主张"天人合一"，强调我与物、人与自然相统一。但对如何实现自由的问题，存在两个进路。其一，以朱熹、陆九渊、王阳明等为代表的理学家从"无对""复性"角度讲"天人合一"，强调人只要向内探求，恢复其本性，就能获得自由。其二，以荀子、柳宗元、王夫之等唯物主义者为代表，他们都从人与自然的实践活动讲自由。如荀子既讲"明于天人之分"，又讲"制天命为用之"，主张人通过与自然斗争，把握自然规律，由此达到"天地官而万物役"。

自由问题还涉及理智与意志、自觉与自愿的关系问题。在这个问题上，中国古代思想家各有侧重。其一，侧重"自觉原则"的思想家主张人们应以理性认识为依据，使自己的行为合乎道德规范。如孟子认为，理性可以使人明察道德、人伦，故他指出："舜明于庶物，察于人伦，由仁义行，非行仁义也。"（《孟子·离娄下》）其二，侧重"自愿原则"的思想家主张行为应出于意志的自由选择，如荀子提出的"出令而无所受令"（《荀子·解蔽》）。总体来看，中国古代哲学家大多强调"自觉原则"，较少谈及"自愿原则"，特别是在封建社会后期，正统儒家过度夸大自觉，导致了理性专制主义和"宿命论"。

第二，中国古代的"人性学说"。这一学说主要围绕"性习之辩"而展开，包括人性善恶及理想人格如何培养的问题，具体如下。

先秦时期，孔子最早考察了"性"与"习"之间的关系，他提出"性相近也，习相远也"（《论语·阳货》）的观点。孟子从"性善说"着手，认为天性即德性，因而他提出"仁义礼智非由外铄我也，我固有之也"（《孟子·告子上》）的观点。与儒家相对，老庄则认为儒家的礼乐文化只会阻碍人性的发展，主张人应回归天性，强调"反其性情而复其初"（《庄子·缮性》）。荀子在孔孟和老庄的基础上，从"性恶说"着手强调德性培育不能离开环境和教育，即"化性起伪""积善成德"。两汉时期，王充认为人性有善有恶，主张通过教育培养人的德性。但他并未解决"性"与"习"之间的矛盾，这是因为他既讲"性成命定"，又讲教育对德性培养的重要性。宋明时期，程颐在结合"性即理"与"才禀于气"两个命题的基础上，通过"性即理"来阐释性善，并以气禀区分上智、下愚和中人。朱熹则进一步发挥了程颐的观点，指出："论天地之性，则专指理言，论气质之性，则以理与气杂而言之。"[①] 明末清初，王夫之提出"性日生日成""习成而与性成"的观点，强调德性培养不能离开感性活动。总体来看，中国古代思想家对"人性善恶"及"成人之道"的探讨取得了众多积极成果，这就为冯契阐释人的本质及德性培养的问题提供了条件。

第三，中国古代的"价值学说"。这一学说主要包括价值原则、人生理想等方面的内容，具体如下。

其一，从性与天道交互作用的角度来看，中国古代的价值原则主要包含在天人之辩、理欲之辩以及群己之辩中。就"天人之辩"而言，其中包含"人道原则"和"自然原则"。如儒家的仁爱、墨家的兼爱，都肯定"爱"的价值及人的尊严；道家则主张"绝仁弃义""绝圣弃智""绝巧弃利"，强调人要成为理想人格不能依靠仁义、巧利等价值，而应复归自然。就理欲之辩而言，其中包含"感性原则"和"理性原

---

① 朱熹. 朱子语类：卷四[M]//朱子全书：第十四册. 上海：上海古籍出版社，合肥：安徽出版社，2010：196.

则"。如墨子主张将道德价值归结为人的利益或感性需要，提出"义，利也"（《墨子·经上》）的观点；孔子则主张"君子喻于义，小人喻于利"（《论语·里仁》），强调仁、义等道德出于内心的理性要求，将人道原则和理性原则相结合。就群己之辩而言，包含"群体原则"和"个性原则"。如荀子指出仁、义、礼、智等道德是为了"明分使群"，强调重视群体的价值；庄子则提出"至人无己"的观点，强调个体的自由，他认为真正的自由就是"天地与我并生，而万物与我为一"（《庄子·齐物论》）。

其二，从群己关系的角度来看，中国古代的人生理想包括社会理想和个人理想。中国古代的社会理想包括孔子推崇的尧舜禹三代，老子追求的"小国寡民"，孟子提出的"王道"和"仁政"，以及庄子向往的"同与禽兽居"的"至德之世"。这些社会理想都反映了人们对理想社会的向往。中国古代的个人理想以儒、道为代表。儒家重视人的本质，向往仁智统一的理想人格。比如，孔子指出："若臧武仲之知，公绰之不欲，卞庄子之勇，冉求之艺，文之以礼乐，亦可以为成人矣。"（《论语·宪问》）老庄则从人的存在出发，主张圣人是无条件与自然为一的"至人"，强调人们应摒弃伦理道德，在复归本性中成为圣人。

总体来看，中国古代的"自由学说""人性学说""理想学说"内容丰富，为冯契伦理思想的形成提供了基础，并赋予了冯契伦理思想鲜明的民族特色。如冯契在阐述道德行为的自由时，便强调要重视中国传统的理性主义传统。冯契在阐释人的本质时，系统考察了中国传统的"性习之辩"及"成人之道"，并由此强调人的本质就是由天性发展而成的德性，并且德性的培养离不开实践和教育。这些都充分说明了中国古代的"自由学说"和"价值学说"是冯契伦理思想的重要渊源。

（二）中国近代伦理思想

冯契伦理思想不仅包含中国古代伦理思想的合理因素，还包含中国近代伦理思想的积极成果。如果说中国古代伦理思想是冯契伦理思想的源头，那么中国近代伦理思想则是冯契伦理思想得以形成和发展的关键环节。作为冯契伦理思想的思想渊源，中国近代伦理思想可以概括为以下四个方面。

第一，科学与人生的关系。近代以来，随着西方文化的传入，科学与玄学的对峙逐渐演变成思想文化领域的中心问题，并引发了一场思想文化领域的大论战。

这场论战从张君劢所做的一场关于人生观的演讲开始。张君劢在这场演讲中提出了科学不能解决人生观的问题，而丁文江便针锋相对地提出科学完全可以解决人生观的问题。之后，胡适、梁漱溟等众多学者纷纷加入这场大论战，并形成了"科学派"和"玄学派"。其中，"玄学派"推崇东方文化，否定科学方法，如梁漱溟就推崇中国传统的人生观，强调科学再发达也不能解决人生观问题。而"科学派"则否定"玄学派"的观点，强调道德、宗教、艺术要科学化，如丁文江指出："科学的万能，科学的普遍，科学的贯通，不在他的材料，在他的方法。"[①] 论战最后以"玄学派"的失败而结束。失败的主要原因是，他们虽然提出了现代性问题，但解决方法却是复古主义的，这就导致当时的思想文化界大多偏向"科学派"。值得注意的是，在这场论战中，陈独秀、瞿秋白、邓中夏等中国早期马克思主义者都参与其中，并在其中大力宣扬唯物史观，产生了巨大的社会影响，这也直接触动了冯契。对于这场大论战，冯契认为："客观的分析，这两种观点都有其理由，也各有其片面性。但论战正好说明，科学与人生的关系问题确实是个时代的重大问题。"[②] 据此可知，这场论战启发了冯契开始探索知识与智慧、理论与德性的关系问题，成为冯契建构其思想体系的理论入口。

第二，中国近代的"自由学说"。近代以来，中国古代正统儒家提倡的"天命""天理"等道德观念，以及由其导致的"宿命论"和理性专制主义，均受到了近代进步思想家的猛烈批判。

---

① 丁文江. 科学与玄学 [M] // 张君劢，丁文江，等. 科学与人生观. 济南：山东人民出版社，1997：53.

② 冯契. 冯契文集：第1卷 [M]. 上海：华东师范大学出版社，2016：9.

近代进步思想家为启蒙民众拯救国家，开始否定以天理为核心的"宿命论"，肯定人的正当情欲，并推崇意志的自由。比如，龚自珍认为这个所谓的"盛世"实际上已日暮途穷，只是利用"名教纲常"摧残人性，因而他强调"天地，人所造，众人自造，非圣人所造"①。谭嗣同认为，封建伦理纲常是束缚人的网罗，人们应"冲决君主之网罗""冲决伦常之网罗""冲决天之网罗"②，从而"以心力挽劫运"。但龚自珍、谭嗣同等人并未从根本上解决意志自由的问题，这是因为科学的唯物史观并不在他们的视野之内。直到马克思主义传入中国后，人们才有了彻底破除"宿命论"的科学理论，如毛泽东提出的"能动的革命的反映论"。在系统考察中国近代"自由学说"的基础上，冯契指出，真正自由的道德行为是自觉与自愿统一的行为，只有这样，人们才能用明察的心态对待道德理想、道德规范，才能充分发挥主观能动性来塑造自己的人格。

第三，中国近代的社会理想。近代以来，中国古代以尧舜禹三代为内容的社会理想已不能适应近代中国的巨变，因而近代思想家开始摒弃复古主义的社会理想而寻求新的理论。这种新的理论可以通过历史观概括为以下三点。

其一，以"变易史观"为依据的社会理想。洪秀全主张促进社会变革，提出"有田同耕，有饭同食，有衣同穿，有钱同使，无处不均匀，无处不保暖"③的社会理想。其二，以"进化史观"为根据的思想家，主张将西方的"进化论"应用于中国的社会领域，并强调社会历史是不断向前的。比如，康有为在《大同书》中描绘了一个自由、平等、博爱的乌托邦社会，将以"进化论"为依据的"三世说"④与

---

① 龚自珍. 壬癸之际胎观第一［M］//龚自珍全集. 上海：上海古籍出版社，1999：12.
② 谭嗣同. 仁学［M］//谭嗣同全集：下册. 北京：中华书局，1981：290.
③ 洪秀全. 原道醒世训［M］//中国近代史资料丛刊：太平天国：第1卷. 上海：上海人民出版社，1957：92.
④ 康有为认为，人类历史从据乱世至升平世，再到太平世，即达到理想社会，这是人类历史进化的普遍规律。他指出："所传闻世为据乱，所闻世托升平，所见世托太平。乱世者，文教未明也。升平者，渐有文教，小康也。太平者，大同之世，远近大小如一，文教全备也。"参阅：康有为. 春秋董氏学：卷二［M］//康有为全集：第2集. 北京：中国人民大学出版社，2007：324.

大同、小康相联系，提出以人道主义为内容的大同理想。其三，以唯物史观为基础的共产主义理想。如李大钊指出，理想社会"一方面是个性解放，一方面是大同团结。这一个性解放的运动，同时伴着一个大同团结的运动。这两种运动，似乎是相反，实在是相成"①。毛泽东也指出："资产阶级的民主主义让位给工人阶级领导的人民民主共和国，资产阶级共和国让位给人民共和国……唯一的路是经过工人阶级领导的人民共和国。"② 在系统研究变易史观、进化史观和唯物史观及在相应社会理想的基础上，冯契认为，真正符合中国社会发展的理想是马克思主义者提出的共产主义的社会理想。

第四，中国近代的"理想人格学说"。近代以来，进步思想家普遍反对中国古代正统儒家的圣贤人格，尤其是朱熹"醇儒"的主张，因此，他们提出了新的"理想人格学说"。

近代"新人学说"注重解放人的个性，要求培养符合时代发展的"人才"。龚自珍认为，皮匠、木匠等普通劳动者只要有所创造、有所发明，便都是"豪杰之士"。谭嗣同、严复、章太炎等人的理想人格都强调个性解放，主张通过推崇意志自由批判道学家的"宿命论"和理性专制主义，这在一定程度上解放了人的个性。但由于他们对意志自由的过度推崇，最终走向了"唯意志论"，以致未能从根本上破除"宿命论"。直到马克思主义传入中国，人格培养才有了科学理论的指引。李大钊认为，理想的人格应既能将远大理想与坚强意志相结合进行斗争，也应能将自我置身于人民群众之中。鲁迅进一步勾勒了这种理想人格的基本特征，即他"有研究、能思考、有决断，而且有毅力"；同时，作为大众的先驱，"他也用权，却不是骗人，他利导，却并非迎合。他不看轻自己，以为是大家的戏子，也不看轻别人，当作自己的喽啰。他只是大众中的一个人。"③ 在此基础上，冯契总结了近代理想

---

① 李大钊.平民主义［M］//李大钊全集：第4卷.北京：人民出版社，2006：122.
② 毛泽东.毛泽东选集：第4卷［M］.北京：人民出版社，1991：1471.
③ 鲁迅.且介亭杂文［M］//鲁迅全集：第6卷.北京：人民文学出版社，2005：104–105.

人格的特点,[①] 认为相比古代高不可攀的圣贤人格,近代理想人格已经平民化了,[②] 表现为多样化的、具有斗争意识的、注重现实的、面向未来的人格特征。

总体来看,冯契伦理思想的主要内容都能在中国近代伦理思想中找到起源。比如,冯契在阐述人生理想时,强调真正科学的人生理想是个性解放与大同团结相统一的共产主义理想,这就体现了李大钊"物心两面、灵肉一致"的"自我改造论"和"社会理想观"。因此,中国传统伦理思想,特别是中国近代伦理思想成为冯契伦理思想的重要来源。

三、西方伦理思想

冯契早年曾跟随金岳霖学习西方哲学,具有深厚的西方哲学基础,这也影响了他对伦理问题的认识。因此,分析西方伦理思想对冯契的影响,对我们更好地把握冯契伦理思想的具体内容,尤其是对他在很多伦理问题上的观点和提法都具有重要价值。从冯契伦理思想的形成来看,对其具有重要影响的西方伦理思想主要包括黑格尔伦理思想、康德伦理思想和非理性主义思潮。

(一) 黑格尔伦理思想

作为一名自觉信仰马克思主义的思想家,冯契深知将黑格尔哲学思想及伦理思想作为马克思主义来源之一的重要性,在研究人的自由、人的精神等问题上,他曾多处引用黑格尔伦理思想作为参照。

黑格尔伦理思想主要集中在黑格尔的《法哲学原理》一书中。在该书中,黑格尔提出并阐释了自由意志、道德以及伦理等问题。黑格尔认为,法权包括抽象法、道德和伦理三个阶段,每个阶段都是一种

---

① 冯契认为,近代理想人格的特点包括以下三个方面。其一,个人理想是多样化的、"不拘一格"的人才,不再是中国古代纯金般的"醇儒"而是有"真性情的人";其二,"自我"依其本质力量能够在社会活动中实现自我、发展自我,而非逍遥无为;其三,理想在未来,要培养面向未来、具有精神的社会"新人"。参阅:冯契. 冯契文集:第3卷[M]. 上海:华东师范大学出版社,2016:150-151。

② 冯契. 冯契文集:第7卷[M]. 上海:华东师范大学出版社,2016:21。

法权①，每个阶段都实现了不同程度的自由意志。具体包括以下三点。其一，黑格尔将体现一般人际关系的抽象法作为自由意志，强调"成为一个人，并尊敬他人为人"。② 其二，黑格尔认为，道德即主观意志的法，是自由意志在内心的体现。黑格尔认为道德是人对自己客观行为的主观评价，包括故意、意图和良心三个层次。其三，黑格尔所说的伦理是指自由权利和道德意识相统一的社会实体，表现为保障社会成员自由的习俗、法律和政体等方面，具有道德的内涵和法律的外在形式。黑格尔曾说道："主观的善和客观的、自在自为地存在的善的统一就是伦理"，或者说，"伦理就是成为现存世界和自我意识本性的那种自由概念"③。

冯契在分析和阐述伦理问题时经常将黑格尔伦理思想作为参照，而且大量汲取黑格尔伦理思想的合理因素。比如，冯契提出道德不仅是反映社会关系的准则、规范，而且还是出自内心要求的观点，便吸收了黑格尔将道德视为自由意志在内心体现的观点。冯契强调在化自在之物为为我之物的现实活动中，人的精神由自在而自为，并由比较低的层次发展到比较高的层次，这里便吸收了黑格尔对自在和自为关系的阐释。这些都充分展现了黑格尔伦理思想对冯契的影响。因此，黑格尔伦理思想是冯契伦理思想的重要来源之一。

（二）康德伦理思想

冯契伦理思想研究的核心问题之一就是"如何培养理想人格"，实

---

① 在黑格尔看来，法权具有法律的形式和道德的内涵。他认为"法的体系是实现了的自由的王国"，"法权的理念，即法权的概念及其现实化"。（参阅：黑格尔. 法哲学原理[M]. 北京：商务印书馆，1961：10，1.）也就是说，法权理念的现实化就是自由意志，因为"任何定在，只要是自由意志的定在，就叫做法"，同时，"自由只有作为意志，作为主体，才是现实的"。（参阅：黑格尔. 法哲学原理[M]. 北京：商务印书馆，1961：36，12.）
② 黑格尔. 法哲学原理[M]. 北京：商务印书馆，1961：46.
③ 同②，第162，164页。

现人的自由。这一问题的提出包含冯契对康德伦理思想的深刻思考①。可见，康德伦理思想对冯契伦理思想体系形成的重要影响。

康德伦理思想，即道德哲学主要集中在《道德形而上学基础》《实践理性批判》《道德形而上学》等著作当中，可将其视为解决直觉主义与经验主义、唯心主义与享乐主义之间争论的尝试。②

康德伦理思想的根本目的是揭示善、对错和义务的深刻意义，以及我们对道德知识、道德义务、道德理性的含义及延伸的认识。其主要内容包括以下三个方面。其一，康德从纯粹理性的自由出发，认为自由是以自身为目的的活动，表现为人的善良意志，也就是以善良自身为目的的意志。其二，康德把善良意志的自律视为绝对命令，而绝对命令既是普遍的道德准则，也是区分道德与不道德的标准。比如，"要撒谎"不能成为普遍行为准则，因为如果人人撒谎，将没有人相信别人的话。而"不要撒谎"则是道德准则，因为它能够成为普遍的道德准则。进而由普遍的道德准则出发，康德引申出两条推论：一是不能把人当作工具，而是永远当作目的；二是每一个理性存在者的意志都是颁布普遍规律的意志。③ 其三，康德认为道德的最高理想是至善，而至善要成为人们行为的道德理想，不能只依靠绝对命令，还需要实践公设。④

从冯契对如何培养理想人格的研究来看，康德伦理思想对冯契伦理思想的形成和发展具有重要影响。在冯契看来，理想人格的培养应

---

① "如何培养理想人格"是冯契"认识论"的第四个问题。而"认识论"的前三个问题正好对应康德在《纯粹理性批判》中提出的"感性""知性"和"理性"三个层次。而"如何培养理想人格"并不在康德"知识论"之中，一般哲学家也都自然地将其划为"认识论"。但冯契把第四个问题作为"认识论"对待，也正体现了冯契思想的特点。因为冯契的"认识论"并非"知识论"，而是"智慧论"。而智慧与人的自由发展密切联系，与化理论为德性的理想人格培养路径密切相关。参阅：华东师范大学哲学系. 理论、方法和德性：纪念冯契［M］. 上海：学林出版社，1996：292.

② 弗兰克·梯利. 西方哲学史［M］. 北京：光明日报出版社，2014：409.

③ 北京大学哲学系外国哲学教研室. 西方哲学原著选读：下卷［M］. 北京：商务印书馆，1982：318.

④ 康德认为，实践公设是为了适应道德实践的需要，即感性的需要而设立的，它有助于使人确信能够达到至善。康德提出了三条公设，强调每一条都有充足的理由相信它，即灵魂不朽、意志自由和上帝存在。参阅：《西方哲学史》编写组. 西方哲学史［M］. 北京：高等教育出版社，人民出版社，2011：350.

注重以下三个方面。其一,培养理想人格的目的就是实现人的自由,这是因为自由不仅是对必然的认识,而且还反映了人的目的。其二,道德主体,即实践理性应当自由地进行道德选择,具备意志自由的品格,因为它是人们担负道德责任、道德义务的关键,如果被迫遵循道德规范,那就不是真正的自律。故而冯契指出:"意志当然不能离开理性,意志就是实践中的理性。"① 其三,道德行为应当是善的行为,要把人视为目的,建立在人道或仁爱原则的基础之上。上述冯契伦理思想的基本观点都包含康德伦理思想的相关内容,由此可以认为,康德伦理思想也是冯契伦理思想的重要来源之一。

(三) 非理性主义思潮

"理智并不是干燥的光。"这是冯契提出的著名观点,重在强调理性与意志、情感不能分离。据相关学者考证,这句话出自培根的《新工具》一文。文中讲道:"人的理智并不是干燥的光,而是有意志和感情灌输在里面的,由此便产生了可以称为'任意的科学'的科学。"② 由此可见,冯契对非理性主义伦理思潮的认知时间很早,并受到意志主义和存在主义的影响。

第一,意志主义作为西方文化传统,在近代中国的"古今中西"之争中具有重要影响。一方面,近代中国进步思想家为批判宿命论和理性专制主义,大力宣传意志主义,强调人要做身心的主宰,发挥自己的才能。这一定程度上起到了"解毒剂"的作用。如李大钊关于意志的观点就具有反封建"宿命论"的意义,他认为人要发挥良知、良能,"变弱者之伦理为强者之人生",便"变'求'之幸福为'取'之幸福"③。另一方面,意志主义虽有助于个性的自由,但过度强调就会导致错误的极端,而对之完全否定也会导致另一个错误的极端。比如,

---

① 冯契. 冯契文集: 第3卷 [M]. 上海: 华东师范大学出版社, 2016: 176.
② 北京大学哲学系外国哲学史教研室. 十六—十八世纪西欧各国哲学 [M]. 北京: 商务印书馆, 1975: 16.
③ 李大钊.《晨钟》之使命 [M] //李大钊全集: 第1卷. 北京: 人民出版社, 2006: 170.

近代西方法西斯主义的产生便是过度夸大意志的结果。又如,近代中国玄学家对意志自由的过度夸大,最终使其失去了反封建的意义,成为不合理的东西,并蜕变为法西斯主义的工具。因此,冯契指出,意志作为人的精神内容,与理性、情感具有密切关联,只有理性、情感和意志全面发展,人才能获得真正的自由。

第二,虽然冯契很少明确提及存在主义,但冯契伦理思想中确实可以看到存在主义的影响。在20世纪80年代初期写的《逻辑思维的辩证法》一书中,冯契对"自在"和"自为"的关系进行了深入探讨,对"异化"问题的分析也用了很大篇幅,其中很少提及对这些问题进行深入分析的萨特,却对康德、黑格尔将早期马克思相关的思想进行了详细阐释。但在20世纪80年代末和90年代初写的《人的自由和真善美》《认识世界和认识自己》等书中,冯契则明确肯定了存在主义的积极内容,强调自我只有将"存在"与"本质"、个人与社会统一起来,才能达到"自知者明",从而破除"苏联正统派马克思主义在理论上、实践上遗留下来的问题"[①],即对"自我"与个性忽视的问题。可见,在冯契伦理思想中,非理性主义哲学是特别受重视的。

第三节 冯契伦理思想的哲学基础

作为冯契"智慧说哲学体系"的重要组成部分,冯契伦理思想是以"智慧说哲学体系"为基础的。因此,要系统掌握冯契伦理思想,就要对其哲学基础进行考察,即广义认识论、辩证逻辑的方法论以及性与天道的本体论等方面的内容。

一、广义认识论

广义认识论[②]作为冯契哲学思想的核心观点,与主要探讨知识经验

---

① 冯契.冯契文集:第3卷[M].上海:华东师范大学出版社,2016:153.
② 冯契认为,实践基础上的广义认识论主要研究四个问题,即感觉能否给予客观存在、理论思维能否把握客观有效的规律性知识、逻辑思维能否把握具体真理、理想人格或自由人格如何培养。参阅:冯契.冯契文集:第1卷[M].上海:华东师范大学出版社,2016:37.

的狭义认识论相对，包括名言之域的真理和名言之域的智慧。冯契从马克思主义的实践观点着手阐释广义认识论，他认为："把实践引入认识论，就必须把情、意考虑进去。因为实践过程不但有认识的作用，而且有情感和意志的作用。"① 由此可见，广义认识论不仅包含对具体真理的认识，而且包含对人的本质、人的自由以及理想人格等伦理议题的认识。

广义认识论的第一个问题首先是感觉能否给予客观存在的问题。在这个问题上，近代西方国家以洛克为代表的经验论者主张认识应从感觉出发，不存在天赋观念。但以休谟为代表的怀疑论者则主张认识不能超出经验的范围，强调经验不能在意识和对象，即（外物）之间建立任何联系。在此基础上，冯契指出，感性经验作为最基本的经验，是人们在社会实践中凭借感官对客观事物认识的积累，不仅包括知识经验，而且包含对主体自身情意的认识，故而一切科学知识、哲学智慧及人的才能、德性的培养，都要以感性经验为基础。因此，冯契肯定了感觉能够给予客观实在，② 并提出"感性经验是知识和智慧大厦的基础"的观点。

以此审视冯契的伦理思想，可以发现，他的伦理思想正是建立在感性经验的基础之上，特别是他对人的本质、人的自由以及人的德性的阐发都是以感性经验为依据的。比如，冯契在阐释德性培养的问题时指出："人的德性、才能要通过习行的反复，即实践、行动的反复来培养，艺术的意境要用想象力，形象思维在创作中展开为具体形象的运动。"③ 这就表明，以感性经验为知识和智慧的基础的观点贯穿于冯契伦理思想之中。

广义认识论的第二个问题是理论思维能否把握客观规律的问题。冯契对此给予肯定回答，并指出，人们用理论思维方式把握世界或把握客观规律的过程本质上就是"以得自现实之道还治现实"。在这个观点上，冯契改造了金岳霖提出的"以经验之所得还治经验"的观点，

---

① 冯契. 冯契文集：第10卷 [M]. 上海：华东师范大学出版社，2016：229.
② 冯契. 冯契文集：第1卷 [M]. 上海：华东师范大学出版社，2016：92.
③ 同②，第115页。

冯契曾讲道："1957年我与他讨论时，我把他的思想扩充了一下，成为'以得自现实之道还治现实'。"① 在冯契看来，金岳霖只分析了静态的人类知识经验，忽视了在社会实践基础上社会历史进化和个体发育的自然过程，而社会历史是动态发展的。也就是说，对知识和智慧不仅要做静态考察，还要对由无知到知、知识到智慧的认识过程进行研究。因此，冯契指出："在实践基础上的认识运动就表现为认识世界和认识自我的互相促进的过程，也就是现实之道和心性交互作用的过程。"②

以此审视冯契的伦理思想，可以发现，其中贯穿着"以得自现实之道还治现实"的认识论原则。比如，在分析理想和现实的关系时，冯契明确指出，"以得自现实之道还治现实"，就是从现实生活中汲取理想，又将理想化为现实的过程，而且这个过程就是德性培养的过程。这就表明，"以得自现实之道还治现实"的认识论原则也是冯契伦理思想的认识逻辑。

广义认识论的第三个问题是逻辑思维能否把握具体真理的问题。在这个问题上，冯契指出，通过一致与百虑的思维运动，逻辑思维能够把握宇宙、人生的具体真理。在他看来，人们通过逻辑思维把握宇宙人生的具体真理就表现为人们具有主观、客观统一的自由意识，也就是具有关于天道、人道和认识过程之道的意识。具体而言，自由意识包括以下三点。其一，天道是"世界统一原理和发展原理的统一，就是自然界演变总秩序和宇宙的总的发展原理"③。它贯穿于本然界、事实界、可能界及价值界，其中价值界是人化的自然或广义的文化。其二，人道是对"自己的心灵、德性及二者之间的关系"④ 的真理性认识。冯契认为，人道从属于天道，人道的自然化是人的本质的对象化，表现为人性发展与自然界秩序相结合并走向一致的过程。其三，与社会历史演进和个体发育过程相一致，人的心灵、德性也是一个过程，表现为主体意识向自由意识的发展。

---

① 冯契. 冯契文集：第1卷［M］. 上海：华东师范大学出版社，2016：27.
② 同①，第29页.
③ 同①，第246页.
④ 同①，第283页.

以主观、客观统一的自由意识审视冯契伦理思想，可以发现，冯契伦理思想中的理论（智慧）便是主观、客观统一的自由意识，是关于宇宙、人生的具体真理。在冯契看来，德性培养要有理论指导，只有这样人的本质力量才能得到自由而全面的发展。比如，冯契在阐述自由的德行时指出，人们在道德理想化为现实的实践活动中，使自身的行为成为自由的德行，这里所说的"道德理想"是关于善的伦理和品德。从认识论来看，这种道德理想便是主观、客观统一的自由意识。因此，主观、客观统一的自由意识不仅是广义认识论的重要内容，也是冯契伦理思想的重要内容。

广义认识论的第四个问题是理想人格如何培养。这个问题按照中国古代哲学的说法，就是"成人"的问题。"成人"的问题包括以下两点。其一，圣人是否可学。圣人是否可学，在哲学史上展开了对为学还是为道、圣人是否可学的争辩。其二，如何"学而致"或者如何"成人"，展开为"明"和"志"，即理智与意志、"学"和"养"，即致知与修养或尊德性与道问学，以及"知"和"行"的争论。在系统考察这两个争论的基础上，冯契指出，理想人可以通过实践和教育得到培养，并强调这个过程是一个由无知到知、由知识到智慧的过程。这个过程也就是转识成智，包括理性的直觉、辩证的综合与德性的自证等环节。

以此审视冯契伦理思想可以发现，冯契伦理思想关注的化理想为现实、化理论为德性等伦理议题与转识成智是一致的。这是因为"转识成智"在本质上是人要求自由的实践活动，其中所说的智慧就是"合乎人性的自由发展的真理性认识"[1]。因此，广义认识论的第四个问题本质上是从认识论视角对伦理议题的探讨。

总体而言，广义认识论揭示了人的认识规律，并将人的认识规律与人的本质发展规律相结合，与冯契伦理思想所关注的化理论为德性是一致的。从主体来看，这一过程就是主体意识向自由意识的发展，人的精神由自在向自为的发展；从客体来看，这一过程就是化自在之

---

[1] 冯契. 冯契文集：第1卷［M］. 上海：华东师范大学出版社，2016：161.

物为为我之物的过程,是理想化为现实的活动,即自由实现的活动。这就表明,广义认识论与冯契伦理思想是一致的,并且前者为后者提供了认识论基础。

二、辩证逻辑的方法论

方法论作为冯契智慧说哲学体系的重要构成,也是冯契伦理思想的重要内容。关于方法论,国内逻辑学界一般将其视为获得知识的一种工具或手段,或连接主体与对象的中介,是指关于认识世界和改造世界的方法的学说和理论。① 与逻辑学界对方法论中介或手段功能的强调相比,冯契注重挖掘方法论本身内含的原则,他认为"方法之所以能成为解决主观和客观之间的矛盾的工具和手段,正是由于方法本身就是客观对象的内在原则"②。在他看来,方法是人们"以得自现实之道还治现实"的辩证逻辑的体现,它包含两条:"一条是分析和综合的结合,一条是理论和实践的统一。"③ 在这里,分析和综合的方法包含开始、进展和目的三个环节,而这与"理论与实践相联系的环节基本上是一致的"④。

冯契进一步以《资本论》一书中关于辩证逻辑方法论⑤的论点为依据,指出辩证逻辑方法论的内容包括以下五个方面。其一,它是世界观和方法论的统一。其二,它要求将理论化为方法,使理论(包括哲学理论与科学理论)成为社会实践的具体方法。其三,它是逻辑范畴(类、故、理)的具体运用。其四,它既是社会实践过程的内在规律在思维中的反映,也是人在社会实践中的逻辑指引。其五,它是人们把握真理的具体方法。由此可见,冯契对辩证逻辑方法论具体内涵

---

① 彭漪涟. 逻辑学大辞典 [M]. 上海:上海辞书出版社,2004:677.
② 冯契. 冯契文集:第 2 卷 [M]. 上海:华东师范大学出版社,2016:321.
③ 同②,第 322 页。
④ 同②,第 325 页。
⑤ 列宁关于辩证逻辑方法论的基本原理可以概括为五个方面。一是从实际出发,并保持观察的客观性;二是分析和综合相结合,并且结合运用具体和抽象的方法;三是归纳的和演绎的方法;四是逻辑方法和历史方法的统一;五是理论与实践相统一的方法,同时结合假设和验证的方法。参阅:列宁全集:第 55 卷 [M]. 北京:人民出版社,1990:291.

的阐释体现了冯契对思维逻辑的深刻思考,"从理论上说,这是智慧说的重要组成部分,是《认识世界和认识自己》理论的展开,体现了具有个性的创造"①。

辩证逻辑的方法论作为"智慧说"的重要组成部分,与化理论为德性具有内在联系。具体表现在以下三个方面。其一,冯契在阐释人的本质问题时强调,道德主体在劳动与意识的交互作用中由自在而自为,这就体现了辩证法的思维。其二,冯契在阐释价值原则问题时指出,合理的价值原则既要体现社会发展规律,也要反映人性发展规律,只有这样才能促进人的全面发展。其三,在探讨真善美的理想境界如何化为现实的问题时,冯契指出:"人类精神的任何活动领域,都是在现实中吸取理想,再把理想转化为现实。"② 可见,辩证逻辑的方法论贯穿冯契伦理思想的各个环节。因此,笔者认为,辩证逻辑的方法论为冯契伦理思想提供了逻辑支撑。

三、性与天道的本体论

冯契认为,本体论即存在论或存在的学说,主张用"本体论"一词指存在的学说、性与天道的理论。③ 在这里,性与天道的本体论主要是关于天道、人道和认识过程之道等本体问题的真理性认识。

第一,天道是以现实可能性为根据的自然界秩序。冯契认为,天道无所不包,人类社会发展规律、个体发育的规律、认识世界以及认识自己的规律,都是自然界秩序的一部分,都有其独立于意识的客观性。④ 可见,天道作为现实及其运动状态的规律,是实体自身运动的根据和动力因,体现了现实中占优势的可能性。

第二,人道是人性发展规律的展开。在冯契看来,人道与天道相对,是人的发展规律的展开。而要掌握人的发展规律,首先要正确认

---

① 张天飞. 冯契先生的智慧学说[M]//华东师范大学哲学系. 理论、方法、德性. 上海:学林出版社,1996:116.
② 冯契. 冯契文集:第3卷[M]. 上海:华东师范大学出版社,2016:3.
③ 冯契. 冯契文集:第1卷[M]. 上海:华东师范大学出版社,2016:84.
④ 同③,第246页。

识人的本质。为此，冯契指出，人在本质上要求自由，人性在实践活动中就是"一个历史发展的过程，而不是一成不变的"①。因此，人道是人性发展规律的展开，表现为知、情、意的全面发展，以及人的自由的实现。

第三，认识过程之道表现为主体意识向自由意识的发展规律。冯契认为，本体论不仅包括天道和人道，还包括认识发展规律。在他看来，在人类认识世界和改造世界的实践活动中，自在之物不断发展为为我之物。与之相应，人的意识也由自发不断发展为自觉，也就是主体意识向自由意识的发展。因此，认识过程之道就是由主体意识到自由意识的发展规律。②

综上所述，天道、人道以及认识过程之道等本体论内容，体现在冯契伦理思想的各个方面。比如，冯契在阐述道德理想、道德规范的依据时，指出道德理想、道德规范要培养德性，必须合乎天道和人道；又如，冯契将自由的实现、德性的培养当作一个不断发展的过程。这就表明，冯契伦理思想与本体论密切相关，并且后者为前者提供了坚实的本体基础。

总体而言，本章在分析冯契伦理思想阶段性特征的基础上，通过阐述冯契伦理思想包含的马克思主义伦理思想、中国传统伦理思想与西方伦理思想等方面的内容，阐释冯契伦理思想与冯契"智慧说"哲学体系的关系，比较充分地展现了冯契伦理思想的生成逻辑。这些都为本书进一步系统研究和科学评价冯契伦理思想的基本内容提供了坚实的基础。

---

① 冯契. 冯契文集：第3卷［M］. 上海：华东师范大学出版社，2016：32.
② 冯契. 冯契文集：第1卷［M］. 上海：华东师范大学出版社，2016：307-322.

第二章
人的本质与道德本质

道德本质问题是一个具有根本意义的问题，决定对道德规范、道德实现等问题的回答，关系某种伦理思想体系的性质及其内容的基本倾向。冯契对道德本质的认识既与20世纪80年代后期到90年代初我国伦理学界有关"道德本质问题的大讨论"[①]密切联系，也受其广义认识论的深刻影响。这场讨论促使学界不仅从社会关系、人的需要等角度探讨道德本质问题，还深入从人的本质、价值本体、文化等不同角度研究道德本质问题。冯契虽然未直接参与这场争论，但是他对道德本质的认识与这场争论的积极成果不谋而合。本章将从人的本质角度出发，探讨冯契关于道德本质的内在逻辑，从而为化理论为德性提供方向和目的。

第一节 道德是一种意识形态

冯契认为，意识形态（思想体系）通常是指政治、道德、哲学、宗教这些领域的体系化的观点，这些观点是对人们政治活动、道德行

---

① 20世纪80年代后期至90年代初期，有关道德本质问题的讨论起源于1986年肖雪慧和夏伟东就道德本质问题的探讨，核心问题是道德的规范性和主体性之争。肖雪慧提出，人的主体性是一切道德活动的出发点，强调道德本质上是人的需要和人的生命活动的一种表现形式。夏伟东则强调，道德本质上调节社会关系，特别是利益关系的行为规范。之后，随着罗国杰、肖群忠、黄伟合、谢洪恩等学者的加入，这场讨论逐渐演变成一场大讨论。20世纪90年代初期后，这场讨论逐渐式微，对道德本质问题的探讨也暂告一段落。从改革开放后我国伦理学界有关道德本质问题认识的历史演变来看，这场讨论促使学界对道德本质问题的研究角度、研究路径等不断多样化。参阅：张宵.20世纪80年代以来我国的道德本质问题研究[J].伦理学研究，2010（3）：137-139.

为、宗教信仰等社会实践活动的反映。① 在他看来,道德作为意识形态,是对社会实践活动中道德行为的反映。具体而言,道德作为一种特殊的意识形态,具有主体意识、社会意识和自由意识等多种形态。而道德作为道德行为活动的反映,包含人的意志、情感等本质需要。这就说明,在冯契看来,道德作为反映社会实践活动的意识形态,与人的本质是密切相关的。

一、道德是社会实践的产物②

按照"从起源中理解事物,就是从本质上理解事物"③的观念来看,从道德的起源把握道德本质,就是从本质上理解道德。因此,明晰冯契解决道德起源问题的有关内容,是把握冯契道德本质思想的前提。

面对道德起源的问题,冯契的有关论述中包含一贯的逻辑,即以社会实践为基础,以生产劳动为起点,从道德与劳动、道德与社会关系、道德与意识的关系理解道德的起源。这就表明,在冯契看来,道德作为道德行为实践活动的反映,是生产劳动、社会发展以及意识发展的产物。

第一,道德是在劳动中形成的。冯契认为,人们在社会实践基础上形成家庭、集团和国家等各种不同的社会组织,其中最基本的实践是劳动生产。④ 在他看来,生产劳动作为最基本的实践的原因包括以下两点。一是人们在生产劳动中产生了语言、意识,并形成了社会关系、社会组织及社会规范;二是人的本质力量在生产劳动中获得发展,体现在人的精神支配自然和成为自由个性等方面。由此可知,在冯契看来,劳动不但创造了人本身,而且也创造了人们对道德的需要,以及道德形成和发展的动力。

其一,劳动创造了道德主体。冯契认为,人与动物的区别,首先

---

① 冯契. 冯契文集:第 1 卷 [M]. 上海:华东师范大学出版社,2016:198.
② 同①,第 275 页。
③ 邵学海. 先秦艺术史 [M]. 济南:山东画报出版社,2010:1.
④ 同①,第 2 页。

在于人能创造工具进行劳动，劳动使人能够支配自然，这就"使人超越了动物界"①。具体而言，劳动使人的感官在生产劳动中不断进化，这就为人成为道德主体创造了自然条件；劳动使人的自然属性发展为社会属性，使人成为社会关系中的人，为人成为道德主体创造了社会条件；劳动还使人的意识发展起来，帮助人通过理性思维把握客观规律，促进社会交往活动的丰富，这就为人成为道德主体提供了主、客观基础。其二，劳动创造了人们对道德的需要。冯契认为，人们出于生存需要结成群体进行劳动，而群体的维系需要一定的社会制度、社会规范，②也就是道德规范。其三，劳动创造了道德形成与发展的动力。冯契认为，人们通过社会组织进行支配自然、创造财富的活动，但人的欲望、利益往往相互矛盾，这就需要法律、道德等社会规范对之进行处理。③冯契还指出，道德规范是相对的，具有社会历史性。在他看来，随着生产劳动的发展，社会分工的出现，贫富差距的扩大，而人们要求全面发展自我，这就需要变革旧的道德体系，发展新的符合广大人民利益的道德规范体系。因此，生产劳动是道德的起源，道德是生产劳动的产物。

第二，道德是社会关系发展的客观要求。冯契认为，道德是社会关系准则的反映。这就表明，道德是社会关系发展的客观要求，主要表现在以下两个方面。一方面，社会关系的维系与发展客观上需要道德规范。在冯契看来，人们运用工具进行生产劳动，离不开社会群体，但在分配中，如果没有一定的分配制度，则将发生争夺、混乱。因此，为使生产和分配有序进行，就需要一定的秩序规范调节社会关系，特别是利益关系。另一方面，社会关系包含着人的自由本质，需要合乎人性发展要求的道德。冯契指出，"社会关系虽然有必然的一面，但同时也体现了人的自由的本质"④。具体而言，社会关系、社会组织以及社会组织的规范虽然受历史条件影响，有其被动的一面，但它们同时

---

① 冯契. 冯契文集：第3卷 [M]. 上海：华东师范大学出版社，2016：33.
② 同①，第34页。
③ 同①，第162页。
④ 同①，第35页。

又是人创造的，包含人的意志、情感。因此，在冯契看来，人们为维系和发展社会关系需要道德规范。

第三，意识是道德形成的前提和关键环节。冯契认为，人的意识、人的理性是在社会实践基础上发展起来的，故人的精神也有其被决定的一面。① 具体而言，人们在生产劳动中，出于劳动及交流的需要，产生了语言、文字，而人通过形成的语言、文字对现实生活进行抽象思维，才形成了意识。因此，道德作为人的精神的观念体系，是以意识的形成作为前提的。同时，意识不仅是道德形成的前提，还是道德形成的关键环节。作为道德形成的关键环节的意识，主要是指主体意识。在冯契看来，主体意识包括个体与群体，是主体有思维能力，以统觉（我思）统率知识的领域。② 在这里，主体意识是指"我"对感觉所提供的经验材料进行抽象、形成概念，进而将形成的概念、理论应用到现实中，这种意识就是自觉的意识。冯契进一步指出，主体意识作为人区别于动物的关键，既是人自身的意识，也是群体的意识。由此可知，道德无论是意识形态，还是道德规范，都是对道德行为实践活动的反映，都需要主体意识对道德行为实践活动的经验材料进行抽象后形成概念。因此，在冯契看来，主体意识的形成是道德产生的关键环节。

总体来看，在冯契有关道德起源的论述中，劳动、社会关系和意识紧密联系，共同促进了道德的形成，这些都包含冯契对人的本质的深刻认识。因此，要准确把握冯契的道德本质思想，要结合冯契关于人的本质的思想来阐述。

二、主体意识与人的类本质

在明晰道德起源的基础上，可以发现，道德首先是一种自觉的意识。道德作为自觉的意识，与化自在之物为为我之物和人的精神由自在而自为相联系。冯契指出，化自在之物为为我之物的过程可视为一

---

① 冯契．冯契文集：第3卷［M］．上海：华东师范大学出版社，2016：35.
② 冯契．冯契文集：第1卷［M］．上海：华东师范大学出版社，2016：308.

个辩证运动,即"由本然界化为事实界,而事实界的规律性的联系提供可能界,人根据这种可能的现实与人的需要来创造价值,故有价值界"①。在这里,人的精神主体由自在而自为,人的本质力量也随之不断发展。从认识论来看,道德作为自觉的意识,包括主体意识、社会意识和自由意识,分别体现了人的类本质、社会本质和自由本质。

接下来,为明晰道德作为主体意识的丰富内涵,我们首先分析冯契关于主体意识与人的类本质的各自含义及二者关系的论述。

第一,主体意识。冯契认为,主体意识是思维能力与思维活动的统一,是以统觉统率知识经验的领域。统觉②是用逻辑范畴统摄思想内容的方式,"就是用形式逻辑的原则和以得自现实之道还治现实的接受总则来把握世界——也即用理论思维的方式来把握世界"③。而用理论思维的方式把握世界涉及理论思维和感性直观、感性和理性的关系问题。在这个问题上,冯契的认识可以从以下两个方面阐释。

一方面,意识活动是感性和理性、认知和情意的统一。冯契认为,人的精神自我是整个的,它具有的思维能力是理性的,同时它还包含情感、意志、直觉等非理性。④ 就人的理性而言,人的知觉能够以得自所与者(概念)还之所与,并能用语言来传达,但理性如果缺乏感性基础,意识就会成为无源之水。就人的感性而言,人的感性直观虽能把握丰富的经验,但如果缺乏理性的统摄,那就不能说有意识、有知识经验。简言之,单纯的感性或单纯的理性都不是真正的知识经验。因此,意识活动是感性与理性、认知与情意的统一。冯契进一步指出,人们既能用理论思维的方式把握世界,也能通过伦理实践、审美活动和宗教信仰的方式把握世界。

另一方面,意识主体能以思维活动本身为对象进行反思。冯契认

---

① 冯契.冯契文集:第1卷[M].上海:华东师范大学出版社,2016:307.
② 冯契认为,统觉之"统"是指"我"能够运用逻辑来把握事实之间的联系,遵循逻辑框架来把握现实的可能性,并且把这种现实的可能性和社会需要结合起来,规划自己的未来,形成理想作为自己的奋斗目标;统觉之"觉"是指"我"以得自所与之道还治所与,化所与为事实,用判断把思想和事实结合起来。参阅:冯契:《冯契文集》第1卷,第171页。
③ 同①,第308页。
④ 同①,第309页。

为，反思就是"我"作为主体，既能认识自己如何运用逻辑形式统摄思想内容，也能认识自己如何凭借理性引导意志、情感、直觉等活动。同时，"我"作为主体还能在自身与他人的社会交往和语言交流中自证其为主体。在此基础上，人就有了越来越明确的自我意识，这就表明人有一种绵延的统一性，即意识主体。因此，道德作为主体意识，能够以自身的理性、情感和意志为对象进行反思。

第二，人的类本质。在哲学史上关于人的类本质有不同的观点。在近代的西方国家，笛卡尔、康德、黑格尔等理性主义者都强调人是理性的生物，理性是人类最本质的特征；而费尔巴哈等近代唯物论者则将人类视为生物进化链条当中的一环，强调人的感性存在。马克思在批判费尔巴哈观点的基础上指出："费尔巴哈不满意抽象的思维而诉诸感性的直观；但是他把感性不是看作实践的、人的感性的活动。"[1] 马克思在将感性看作实践的基础上，肯定了人的感性实践是人区别于其他动物的本质，这就为冯契阐释人的类本质提供了理论依据。

冯契依据马克思将实践看作人的本质的观点，强调人的类本质是自由劳动。在冯契看来，人的类本质展开于劳动与意识、感性与理性的交互作用当中。一方面，在生产劳动中，人的意识、理性逐渐发展起来，并形成了语言、抽象思维，从而使人的自我意识逐渐增强。另一方面，人的意识与理论思维又使劳动具有明确的计划和目标，使劳动合乎规律地进行，从而使人取得支配自然的自由。在此基础上，冯契强调，"按照劳动发展的方向来说，它要求成为自由的，自由劳动使得人类与动物界有了真正的区别"[2]。因此，自由劳动作为人的类本质，体现了人的自由本质。

第三，"主体意识能够以自身为对象揭示自己的本质力量、塑造自己，根据人性发展德性"[3]。在这里，冯契揭示了主体意识与人的类本质的关系。在他看来，主体意识的形成意味主体能够以自身为对象揭

---

[1] 马克思，恩格斯. 马克思恩格斯选集：第 1 卷 [M]. 北京：人民出版社，2012：139.
[2] 冯契. 冯契文集：第 1 卷 [M]. 上海：华东师范大学出版社，2016：312.
[3] 同[2]，第 313 页。

示自己的本质力量，并培养知情意全面发展的人格。具体而言，主体还能从自身的天性出发，通过实践和教育培育自由的德性、自由的人格。冯契也指出，在追求自由劳动的社会实践中，人类活动本质上是自然界的运动，而且人本身也是属于自然界的，因此，人的德性出于人的天性。所以，冯契强调德性培育必须顺着人的天性，不能违背人的天性。

当人们自觉根据人性发展德性时，往往包含人的目的。冯契认为，人的目的往往作为动力贯穿于整个实践活动中，主要表现在以下两个方面：一方面，在自然人化过程中，人的目的如果合乎客观规律发展趋势并对人有利，那么目的实现即广义的善。另一方面，在人道自然化的过程中，如果人的天性，即自然性得到改造和发展，那么人的天性就能发展为德性。也就是说，如果一种道德品质或道德行为是善的，那么它一定是"人的内在的、自然的、合目的地（合理地）得到改造、发展"[①]。

综上所述，通过明晰主体意识和人的类本质的具体内涵，可以发现，道德作为主体意识，包含人类要求自由劳动的类本质，这样的意识既能够指导人们将劳动发展为自由劳动，也能够指导人根据人性来培养德性。

三、社会意识与人的社会本质[②]

道德作为主体意识反映了人的类本质，这是从人与自然的关系角度来讲。而从人与社会的关系角度来看，道德还是一种社会意识，体现了人的社会本质。因此，为明晰道德作为社会意识的具体内涵，接下来将对冯契关于社会意识、人的社会本质及二者关系的论述进行分析。

第一，道德作为社会意识，是主体在社会关系中的道德观点。冯契认为，意识主体不仅是类的分子或细胞，而且是处于社会关系中的

---

① 冯契. 冯契文集：第1卷［M］. 上海：华东师范大学出版社，2016：314.
② 同①。

自我，因此，"主体意识总是包含社会意识"。这就表明，道德作为意识形态，不仅具有主体意识的性质，而且具有社会意识的性质。

道德作为社会意识，是主体在社会关系中的道德观点。冯契指出，道德观点形成于人的认识过程之中，是主体在社会关系中的意识，反映了一定历史条件下的社会存在。① 社会存在不仅包括客观的物质生活，而且包含主体在社会关系中的活动。因此，社会意识不仅具有客观基础，而且与一定社会集团的利益相联系，并受一定社会集团的立场制约。因此，冯契强调道德作为社会意识，既要符合社会发展的方向，也要体现一定社会集团的利益。

从群己关系来看，社会意识与个体意识密切相关。冯契认为，人的精神主体是个性与共性、个别精神与群体意识的统一，既有独特个性，又表现了群体意识。② 这是因为意识主体作为单个的主体，具有独立性，但主体总是处于社会关系之中，不能离开他人、群体，否则就不是自我，也无法形成自我意识。可见，个体意识与社会意识不能分割，二者是辩证统一的关系。在冯契看来，这种关系表现在以下两个方面。一方面，个别精神或自我意识不能离开社会关系，并且总是包含群体意识，如民族心理、国民意识等；另一方面，个人总要以一定的社会意识作为观察问题的视角，因此，群体意识虽然形成于社会交往当中，但要具体到单个的主体身上才能体现。比如，社会舆论、社会习俗等道德规范，总是渗透在个体处理社会伦理关系和培育自身德性之中，并且道德最终也要落实于个体的行为活动之中。

第二，人的社会本质。冯契认为，在生产劳动和社会交往中，人们结成了各种社会关系，形成家庭、民族、国家等不同社会组织。进而冯契依据马克思主义关于人的本质观点，强调人的社会本质是一切社会关系的总和。也就是说，"人不仅是人类学上的人，人还是社会学上的人"③。"人类学上的人"指人的类本质，是从人与自然的角度出发的；"社会学上的人"是指人是处于社会关系中的人。由此可知，没

---

① 冯契. 冯契文集：第1卷［M］. 上海：华东师范大学出版社，2016：191-192.
② 同①，第195页。
③ 同①，第317页。

有抽象的人性，只有具体的人性。

冯契结合中国的现实问题，强调理解具体的人性，要防止以下两个偏向。其一，防止教条主义者把阶级关系绝对化，这是因为阶级关系只是阶级社会的关系，而不是社会关系的全部；其二，防止本质主义者将本质与存在、个性与共性相割裂，把本质、共性形而上学化。这是因为人具有特殊的时空关系，是真实存在的具体。因此，冯契在阐释道德行为时指出，道德行为虽然要合乎道德规范，但"道德行为所要对待的也是一个一个的人，不把一个一个的人视为目的，即离开了道德的根本原则——人道原则"[①]。

第三，人的本质作为一切社会关系的总和，是历史的，是不断发展的。马克思曾依据人的本质将人类历史划分为三个阶段，即以人的依赖关系为基本特征的自然经济阶段；以物的依赖关系为基本特征的资本主义阶段；真正克服对人的依赖与对物的依赖的共产主义社会阶段。据此，冯契指出，在认识到人的本质和社会关系都是不断发展的同时，需要注意其中存在的劳动异化。

对于劳动异化的问题，冯契指出，劳动虽然使人与其他动物区别开来，但人在劳动中最初建立的社会关系实际上是一种统治与服从、支配与被支配的关系。在依据马克思主义异化理论考察中国历史的基础上，冯契指出，无论是对人的依赖，还是对物的依赖，本质上都是劳动异化的现象，在价值观层面体现为对权力的迷信和拜金主义。究其根本，劳动异化现象产生的原因主要有以下两个方面。一是生产力水平低下，不得不产生对人、对物的依赖；二是人对自然和人本身所知甚少，难免陷入盲目性。因此，冯契指出，劳动以及在劳动生产基础上形成的意识形态，"表现为由自在而异化、克服异化而达到自为的过程"[②]。所谓克服异化就是在一定历史条件下，树立一种比较全面的世界观、人生观，即正确反映一切社会关系的社会意识。

总体而言，道德作为社会意识，是对在生产劳动中结成的社会关

---

① 冯契. 冯契文集：第3卷[M]. 上海：华东师范大学出版社，2016：47.
② 冯契. 冯契文集：第1卷[M]. 上海：华东师范大学出版社，2016：320.

系的反映，但生产劳动随着生产、分工的发展，逐渐开始出现异化劳动的现象，形成了异化的观念。因此，道德作为社会意识，应如实反映人的社会本质，防止存在与本质、共性与个性相分离。

四、自由意识与德性的全面发展①

随着实践活动的展开，意识也在不断发展。在冯契看来，意识不仅是一种主体意识或一种社会意识，还是一种包含人的自由本质的自由意识。因此，为明晰道德作为自由意识的具体内涵，就要对冯契关于自由意识、德性及二者关系的论述进行阐释。

第一，"自由意识是人在创造价值、改造自然、发展自我中的主体意识"②。冯契认为，主体的自由意识与价值的创造、自然的人化相联系，是主体经历和克服异化后形成的意识。在他看来，自由意识主要表现为以下三个方面。其一，自由意识是创造价值活动中的主客观统一意识。比如，庄子的"庖丁解牛""轮扁斫轮"等寓言，都阐释了人在劳动中踌躇满志的精神状态，这就是创造价值活动中的自由。其二，自由意识是人在改造自然的过程中的理想观念。在人与自然的交互作用中，自然力作为一种外在于人的力量，制约着人的活动。因此，人必须克服困难，在劳动中锻炼自己的才干，实现自己的理想，这样人就从中获得了乐趣、实现了自由。其三，自由意识是主体作为主宰者、主人翁的意识，也就是自由人格的意识。冯契指出，人们在改造自然的过程中，培育、锻炼了支配自然的能力，力求成为自然的主宰者；同时，人们在改造社会的过程中，培育了支配社会的能力，力求成为社会的主宰者。这些表明，在创造价值、改造自然和发展自我的实践活动中，人们逐渐形成主、客观统一的自由意识。

值得注意的是，冯契所讲的自由人格，是一种平民化的、多数人可以达到的人格。这样的人格不是高不可及的，而是普通人经过实践和教育都能达到的。具体而言，在生产劳动中，劳动者不仅在改造自

---

① 冯契. 冯契文集：第1卷[M]. 上海：华东师范大学出版社，2016：322.
② 同①。

然中培养自己的能力，而且也在自身的创造性劳动中自作主宰，并根据自己的需要发展自己的才能、德性。就是说，劳动者"既能主宰外在的自然，也能主宰自己内在的自然（天性）"①。在这里，劳动者要主宰外在的自然和内在的自然，需具有以下两个条件。一是主体要克服劳动的异化；二是主体要有科学的世界观、人生观。这就说明，在冯契看来，塑造自由人格的意识或自由意识需要彻底克服异化的世界观、价值观，并逐渐确立符合社会发展规律与合乎人性发展规律的世界观、价值观。

第二，"凝道成德，显性弘道"②。冯契认为，人的本质发展要求自由劳动，要求成为自由人格、自由个性。③ 在冯契看来，自由人格是在劳动与意识、人和自然交互的实践活动中培育的，包括人化自然和自然人化两个方面。一方面，人们在运用天道、人道以及认识过程之道进行劳动的过程中，使自在之物成为为我之物，就是人化自然。另一方面，人的精神在把握天道、人道以及认识过程之道的基础上，使人的本质力量对象化、具体化，就是自然人化。由此可见，正是在自然人化与人化自然交互的过程中，人的本质由天性向德性发展，而这个过程也就是冯契所说的"凝道成德，显性弘道"。

正是在实践活动中，"道"转化为"德"，通过实践和教育，"德"又体现了"道"。按照中国传统哲学的用法，"道"是指现实固有之理和当然之则，如"君子深造之以道，欲其自得之也"（《孟子·离娄下》）。冯契对其重新阐发，使"道"具有了天道、人道以及认识过程之道的内涵。进而，冯契阐释了"凝道成德，显性弘道"，即人在实践活动中通过接受教育，将天道、人道、认识过程之道凝结为自身的德性，又在实践活动中使"道"得到展现。由此可见，道德作为自由意识，既是对天道、人道和认识过程之道的反映，也是对人的德性全面发展的反映。

---

① 冯契. 冯契文集：第1卷[M]. 上海：华东师范大学出版社，2016：324.
② 同①，第325页。
③ 同①，第327页。

第三,"德性之知和价值原则"①。"德性之知"本是中国传统哲学用语,经过冯契的重新阐释,主要指觉悟的自我意识。在这里,冯契在结合自由意识与德性全面发展的基础上,强调人的意识要成为觉悟的自我意识,人才能凭借主体(良知)发展自己的自由个性。归根结底,人的尊严、人的价值正在于其要求自由劳动的本质,即要求发展成为自由个性、自由人格的倾向。②那么,如何塑造自由人格、培养自由个性呢?冯契认为,在创造价值和改造自然的实践活动中,主体(良知)将自己培养成自由个性,要遵循合理的价值原则,即自然和人道统一的原则、人的全面发展原则、感性和理性统一的原则。这就表明,在冯契看来,道德作为自由意识,不仅能够帮助人培养自由的个性,还能为人提供正确处理社会关系的价值原则。

总体而言,道德作为一种意识形态,具有主体意识、社会意识和自由意识等不同形态,各自反映了人的类本质、社会本质和自由本质。这就从认识论层面揭示了道德与人的本质的内在关联,丰富了道德作为意识形态的内涵。

第二节 道德是反映社会关系和人的内心要求的准则

从道德的起源来看,道德作为一种意识形态,是对社会存在的反映,而社会存在不仅包括客观物质条件,还包括生产劳动中的人。在生产劳动中,人结成各种社会关系,形成不同的社会组织,便需要相应的道德规范来维系社会关系并巩固社会组织。同时,道德规范虽有其必然性,但它要通过人来制定,并为人所遵循。因此,在冯契看来,"道德既是反映社会关系的准则,也是发自内心的要求"③,还是"实践精神"或"善良意志"④。

---

① 冯契.冯契文集:第1卷[M].上海:华东师范大学出版社,2016:327.
② 同①,第324页.
③ 冯契.冯契文集:第3卷[M].上海:华东师范大学出版社,2016:164-165.
④ 同③,第176页.

一、道德是反映社会关系的准则

从道德起源来看，人们在生产劳动中结成各种各样的社会关系，而"这种人和人的关系就有应当遵循的准则，这即是道德准则、道德规范"①。在冯契看来，道德规范作为人和人应当遵循的准则，本质上是一种当然之则，是对社会关系准则的反映。

道德规范作为当然之则，与必然之理和人性的要求密切相关。冯契认为，当然之则就是应当。而应当是否合理的关键在于道德规范是否如实反映社会关系秩序，是否符合人的发展需要。在他看来，合理的道德规范不仅要符合社会历史发展规律，还要合乎人性发展的真实要求。具体而言，一方面，道德规范有客观规律的根据。这是因为，道德规范作为社会关系的准则，形成发展于社会交往之中，具有不以人的意志为转移的一面，因此，道德规范要符合社会发展的客观规律。另一方面，道德规范包含人的意志安排的成分，需要合乎人性发展要求。在冯契看来，道德规范虽然是当然之则，但要通过人来制定并为人所遵循。究其根本，人性往往表现为由情欲引起的种种矛盾，需要通过道德规范使情欲控制在合理的范围之内，使人性得到滋养。因此，如果规范与人性发展要求不一致，甚至违背，那么规范就不能使人自觉自愿地遵循。

道德规范如果符合社会发展规律并合乎人性发展要求，那么它便是合理的正当的道德规范。在冯契看来，这样的规范往往通过诉诸良心的方式来调节社会伦理关系和发展人的本质力量，具有相对性。具体体现在如下四个方面。

第一，道德规范主要通过诉诸良心的方式来实现。冯契认为，道德规范的约束力往往是依靠社会舆论、社会习俗的鼓励和制止来规范道德行为的，具有非强制性。具体而言，社会舆论、社会习俗作为社会意识，是对社会全体成员共同遵守的道德准则的反映，体现在个体的自我意识当中。在现实生活中，一个人的行为如果违背了道德规范，

---

① 冯契. 冯契文集：第3卷 [M]. 上海：华东师范大学出版社，2016：162.

就会受到社会舆论的谴责。反之，一个人的行为如果符合道德规范，便会被社会舆论认可。因此，冯契指出，舆论对道德行为的评价往往诉诸人的理性认识，注重通过教育的方法唤醒人的良心。① 与法律规范相比，道德约束不是法律的制裁，不像法律一样一定要有明文规定，它只有少数的明文规定，大部分并非明文规定，实际上是社会组织成员共同认可的公序良俗。

第二，道德规范具有调节社会伦理关系的功能。道德规范作为社会关系的准则，主要是通过调节社会关系来维系社会秩序和巩固社会组织的。冯契认为，任何社会都需要一定的道德规范来维护社会组织的正常运行，使群体利益和个人利益都得到适当满足。② 这是因为，在社会实践中，人的利益、欲望之间常常产生冲突，或者说，人与人之间、个人与集体之间、社会组织与社会组织之间的利害往往不一致。因此，为了生产劳动的继续、社会关系的稳定、社会组织的发展，就需要比较合理的社会秩序，使群体利益和个人利益都得到适当的满足。而合理的道德规范正是对社会秩序的反映，它通过社会舆论、社会风俗等方式调节人的利益、欲望，使社会健康运行。此外，冯契还指出，道德规范不仅要使群体利益和个人利益都得到满足，还应使社会关系成为文明礼貌的人际关系。按照中国传统哲学的说法，道德规范，也就是"礼"，具有"节"（节制）和"文"（文饰、美化）的功能。据此，冯契指出，合理的道德规范也应具有"节"和"文"的功能，使人"运用意志力量来对自己的情感、欲望有所节制"，并使"人们在交往时讲礼节、礼貌"③，这样才能更好地增强社会伦理的凝聚力。

第三，道德规范能够通过道德行为发展人的本质力量，培养人的德性。冯契认为，道德规范如果是正当的、合理的，那么它不仅能调节社会关系，还能促进人的本质力量的发展。这是因为，道德规范包含人的意志、情感，体现人的自由本质。因此，合理的道德规范能够通过道德行为发展人的本质力量并培养人的德性。

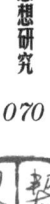

---

① 冯契. 冯契文集：第3卷［M］. 上海：华东师范大学出版社，2016：182.
② 同①，第162页.
③ 同①，第180页.

从理想与现实的关系来看，道德规范是理想成为现实的关键环节。冯契认为，道德理想具体化到人和人的关系之中，就成为处理人和人的道德规范。① 其中，道德理想以善的伦理和品德为内容，体现了人要求自由的目的，而道德规范也包含人的意志、情感，体现人的目的。因此，道德规范和道德理想在根本上是一致的。据此，冯契认为，取得理想形态的道德规范，能够为人自觉自愿地遵循并落实于行为活动中，从而发展人的本质力量并培养人的德性。

第四，道德规范作为社会关系的准则，具有相对性。冯契认为，道德规范对社会伦理关系的调节以及人的德性的培养，是在特定时期和特定组织中展开的，这就决定了道德规范并非一成不变。具体而言，社会实践是不断发展的，社会关系是不断发展的，人的本质在现实性上也是不断发展的，所以，道德规范应当是随着社会实践和人的本质力量而改变的。反之，如果固执一"善"，将道德规范绝对化，便会阻碍人性的自由发展。因此，冯契强调对待道德规范要持辩证的态度，切忌使其绝对化。

二、道德是发自内心的要求

冯契指出："道德既是反映社会关系的准则，也是发自内心的要求。"② 作为反映社会关系准则的道德规范，其功能需要通过主体的道德行为来实现。在冯契看来，主体的道德行为只有遵循合理的道德规范，才能正确处理好人与人、个人与集体之间的利益矛盾。而道德行为的主体则是一个个有自己需要、利益和要求的人。因此，冯契指出，主体的道德行为在人际关系中既要满足自身的利益需要，也要维护他人的利益需要，但这种利人的行为如果不是出于爱心，行为也就没有善恶的意义。由此可知，在冯契看来，道德作为发自内心的要求，主要是指出于爱心的道德行为。

在冯契看来，出于爱心的道德行为，要求将人际关系建立在人道

---

① 冯契.冯契文集：第3卷[M].上海：华东师范大学出版社，2016：171.
② 同①，第164－165页。

或仁爱原则的基础之上，建立在自觉自愿的基础上。道德行为要出于爱心，就涉及对"爱"的理解问题。斯宾诺莎曾说道，"爱无非只是去享受事物，并与它结合"①，并且"凡爱一物的人，必然努力使那物能在他的面前，并努力保持那物"②。在此基础上，冯契结合中国传统的"仁爱学说"，认为"爱"是"肯定人的价值、人的尊严"，并强调"这就是人道或仁爱原则"③。进而冯契指出，道德行为要将人际关系建立在人道或仁爱原则的基础上，建立在自觉自愿的基础上。这就表明，在冯契看来，道德作为发自内心的要求，就是以人道或仁爱原则④为基础的人际关系准则，即道德规范，以及建立在自觉自愿基础之上的道德行为。

第一，道德规范以人道或仁爱原则为基础，就要合乎人性的发展要求。将人道原则作为道德规范的原则，是冯契对中国传统人道观和西方人道主义、中国近代人道主义的综合创造。在中国哲学史上，人道原则具有悠久的传统，其中以儒、墨两家为代表。虽然"孔子贵仁，墨子贵兼"（《吕氏春秋·不二》），但他们都肯定人道原则，也就是都肯定"爱"的价值、人的尊严。同时，他们也都主张人与人之间应相互尊重，形成爱和信任的社会伦理关系。比如，孔子说"鸟兽不可与同群，吾非斯人之徒而谁与？"（《论语·微子》），就是讲人和人在社会交往中要有爱心和同情心。西方人道主义，即 Humanitarianism，源于欧洲文艺复兴时期，主张尊重人、爱护人、关怀人，倡导以人为中心的世界观，表现为理性、民主、平等、自由等价值原则。这一思潮传入近代中国后，成为以个性自由为核心的中国近代人道主义。在分析考察中西方人道学说的基础上，冯契强调，人道原则的重点在于肯定人的尊严、人的价值和人的个性。

---

① 斯宾诺莎. 神、人及其幸福简论［M］. 北京：商务印书馆，1987：193.
② 斯宾诺莎. 伦理学［M］. 北京：商务印书馆，1983：110.
③ 冯契. 冯契文集：第3卷［M］. 上海：华东师范大学出版社，2016：163.
④ 按照冯契的观点，"人道"与"天道"相对，"人道观"包括社会历史观和人生观，与"天道观"相对，而"人道原则"一词，则是指儒墨的仁爱原理，与道家的"自然原则"和法家的"暴力原则"相对。参阅：冯契. 冯契文集：第3卷［M］. 上海：华东师范大学出版社，2016：85.

而道德规范以人道原则为基础，就要在调节社会关系中肯定人的尊严、人的价值以及人的个性。冯契指出，道德规范的正当性就在于符合社会发展规律，并"合乎人性的发展要求"①。具体而言，道德规范在调节社会关系中，面对的是一个个有个性的主体，这就要求道德规范要以人性发展的真实要求为前提，把每个人都看成目的。也就是说，只有道德规范把每个人都看成目的，它才能切实有效地维护社会伦理关系并促进个性自由。综上可知，在冯契看来，道德作为发自内心的要求，是建立在人道或仁爱原则基础之上的道德规范。

第二，道德行为以自觉自愿为基础，要求行为出于理性自觉和意志自愿。在冯契看来，道德行为以自觉自愿为基础，涉及自觉与自愿、理智和意志的关系问题。②为此，冯契在系统考察中西方道德行为学说的基础上，归纳了中西方道德行为的特征。在他看来，中国古代哲学比较强调自觉，注重理性认识。比如，孔子在将人道原则与理性原则相结合的基础上，强调仁、义、忠、恕之道等道德规范都出于内心的理性要求，如"君子喻于义，小人喻于利"（《论语·里仁》）。而西方哲学则注重自愿，强调意志自由，如西方基督教的"原罪说"认为，人可以选择服从神或不服从神、信仰基督或不信仰基督，体现了人的意志自由。在此基础上，冯契进一步阐发了中西方道德行为学说的不足，即中国古代正统儒学过度强调理性自觉，较少谈及意志自愿，导致了理性专制主义和宿命论；而西方以基督教为文化背景的道德观，则过度强调意志自由，较少涉及理性自觉，易引起人们的盲目行动，导致"唯意志论"。

在分析中西方道德行为特征和不足的基础上，冯契强调"在道德行为中，理智与意志、自觉原则与自愿原则应该是统一的"③。在这里，自觉与自愿的统一是指主体既要遵循理性原则，按理性认识办事，也要凭借自由意志处理社会伦理关系。进而冯契指出，以自觉自愿为基

---

① 冯契．冯契文集：第3卷［M］．上海：华东师范大学出版社，2016：167．
② 冯契．冯契文集：第8卷［M］．上海：华东师范大学出版社，2016：329．
③ 同②，第330页．

础的道德行为也就是合乎规范的行为。① 在他看来，这样的行为包含以下三层含义。其一，道德行为是合乎规范的行为，这就要求道德规范要体现道德理想；其二，合乎规范的行为要以理性认识为根据，这样才是合理的、自觉的行为；其三，合乎规范的行为还应该是自愿的，是意志自由的活动。这就表明，自觉自愿的道德行为是真正自由的道德行为，是合乎规范的行为，体现了人对自由的追求。因此，在冯契看来，道德作为人们内心要求的反映，就是体现人道原则的道德规范，以及建立在自觉自愿基础上的道德行为。

第三节 道德是一种实践精神②

无论是道德规范，还是道德行为，都离不开道德主体，而"道德的主体，我们通常把它称之为实践精神"③。因此，在冯契看来，道德在本质上不仅是社会关系的准则和发自内心的要求，还是实践精神。马克思在《〈政治经济学批判〉导言》中指出，精神把握世界的方式包括四种，即理论思维的、艺术的、宗教的和实践精神的。这里将道德作为实践精神，是因为道德作为一种意识，是一种思想关系，故它是精神的；同时，道德又是以建立良好社会伦理关系和培养人的德性为目的的，故它是实践的。因此，冯契指出，马克思所说的四种精神活动都离不开人的理性，都体现了理性要求自由的本质，其中"实践精神表现为道德，即善"④。

而表现为善的实践精神，也是善良意志或实践理性。冯契认为，实践精神也叫实践理性，也就是善良意志，或合乎理性的意志。⑤ 这里就涉及理性和意志的关系，按照中国古代哲学家的说法，就是"明"和"志"的关系。其中，"明"是指明察，"志"是指意志，它们在实

---

① 冯契．冯契文集：第4卷［M］．上海：华东师范大学出版社，2016：41．
② 冯契．冯契文集：第3卷［M］．上海：华东师范大学出版社，2016：35．
③ 同②，第176页．
④ 同②．
⑤ 同②．

践中相互促进、共同发展。比如，王夫之指出："苟有志，自合天下之公是。意则见己为是，不恤天下之公是。故志正而后可治其意。"① 王夫之认为，人因一时感动而产生的意向和动机，与个人意见密切相关，并且个人意见可能正确或错误、善或恶，易于导致盲目行动或产生罪恶。在此基础上，冯契从两个方面阐发了"明"和"志"的关系。其一，在道德实践中，人首先要"立志"，使志向与对道的理性认识相一致，并锲而不舍地坚持下去。其二，"正志"是一个不断发展的过程。从认识论来看，人们通过不同意见的争辩来明辨是非，从而获得真理，包括当然之则；与之相联系的是，一个人的志向要通过多次意向或动机的斗争才能确立，并在实践和认识的反复中，以正志治其意，使志向坚定起来。因此，冯契强调"在道德实践中，理智和意志相互促进"②，这就决定了实践理性或善良意志是一个由低级到高级不断发展的过程。

冯契指出，实践理性或善良意志作为道德行为的动力，既有助于使人在道德行为活动中为他人或群体谋利益，也有助于建立合理的社会伦理关系，并提升人的品德。从认识论来看，实践精神在道德实践中能够由较低层次发展到较高层次。

第一，道德行为"出于爱心而为他人、为群体谋利益，要有善良意志作动力"③。在冯契看来，道德行为要利人、爱人，需要建立在自觉自愿的基础上，使道德行为成为自由的道德行为。而自由的道德行为必须出自主体的理性明察和意志自由，如果忽视理性明察或意志自由，道德行为便不是自由的。这是因为，理性明察能够使人自觉遵循道德规范，意志自由能够激发人的责任感、使命感。而善良意志作为理性和意志的统一，是道德行为发生的基础。因此，如果道德行为活动忽视善良意志，也就忽视了理性自觉和意志自愿，这就要求道德行为必须以善良意志作为动力。

第二，"善良意志或实践精神通过行为使理想变为现实，形成合理

---

① 王夫之. 张子正蒙注·中正［M］//船山全书：第12册. 长沙：岳麓书社，2011：198.
② 冯契. 冯契文集：第3卷［M］. 上海：华东师范大学出版社，2016：177.
③ 同②，第176页.

的伦理关系，提高人的品德"①。在冯契看来，道德理想是善的伦理和品德，包含人的自由本质。具体而言，道德理想具体到人和人的关系中，就成为道德规范。由此出发，冯契指出，道德规范必须取得理想形态，才能为主体出于爱心所掌握，并自觉自愿地将规范贯彻到行为中。而这里的爱心、自觉自愿就是实践精神。正是在这个意义上，冯契认为，善良意志能够通过行为化理想为现实，形成合理的社会伦理关系，并提升人的道德品质。

第三，实践精神"可以由比较低的境界发展到比较高的境界"②。冯契指出，实践精神作为道德主体，是一个由低级到高级的发展过程，与道德境界的提升过程相联系。在他看来，实践精神作为理智和意志的结合，与人的本质密切相关。这是因为，在社会实践中，人的精神由自在而自为，人的本质由天性而德性。同时，道德品质在不同人的身上以及同一个人的不同阶段有层次上的差别，人的品德和他所处的道德境界有高下之分。因此，冯契指出，道德品质经过实践和教育能够由较低层次的品德发展为较高层次的品德，并强调实践精神也随之由比较低的境界发展到比较高的境界。

第四节　道德的自由本质及实现方式

一般而言，道德是为人的，包含人的目的。在冯契看来，道德作为人们进行价值创造的产物，其目的无非就是实现人的自由。③ 这就表明，自由是道德的本质，道德的实现方式也就是自由的实现方式。因此，道德本质上是自由及自由的实现。

一、道德的自由本质

从道德的起源来看，无论是道德意识，还是道德规范或实践精神，都包含人类的发展方向。冯契认为，人类按其发展方向来看，都要求

---

① 冯契. 冯契文集：第3卷［M］. 上海：华东师范大学出版社，2016：176.
② 同①，第191页。
③ 同①，第175页。

人的自由并实现人的自由，其最根本的要求是自由劳动。[①] 这就说明，自由是道德的本质，要求道德反映人的自由以及自由劳动。

从人的自由来看，道德是由天性发展而成的德性。这里涉及自由与人的本质的关系。冯契以马克思主义人的本质思想[②]为依据，在系统分析中国传统人性论的基础上指出，中国哲学家过去讲的"性"是指人性或人的类本质，包括天性和德性。在他看来，中国古代讨论人性问题成就最高的是王夫之。王夫之提出的"性者生也，日生而日成也""习成而性与成也"的学说，主张人的德性要通过实践和教育来发展，并强调人的德性不是一成不变的，而是不断发展的。在运用马克思主义系统考察中国传统人性学说的基础上，冯契指出，"人的本质就是人的 essence，是一种从天性中培养成的德性，即从人的 nature 中形成的 virtue，是一个历史发展的过程"[③]。这就说明，自由是在天性中培养成的德性，并且这种德性体现了人的本质力量的全面发展。因此，在冯契看来，道德作为自由，就是自由的德性。

从人的自由劳动来看，道德是一种正价值。在这里，道德作为正价值，涉及自由劳动的问题。冯契认为，一切正价值的内容都要"合乎社会实践发展的客观要求"[④]。在他看来，自由作为一种正价值，必须合乎社会实践发展要求，也就是要以自由劳动为基石和目的。自由劳动作为马克思主义哲学的核心范畴，经过冯契的阐发，具有深刻的价值论意义。按照马克思主义的观点，动物的生产只是按照它所属物种的尺度和需要去进行，而人却知道如何将本身固有的内在尺度运用

[①] 冯契. 冯契文集：第 3 卷 [M]. 上海：华东师范大学出版社，2016：36.
[②] 在冯契看来，马克思主义有关"人的本质观点"包括以下三点。一是劳动，因为人能够创造工具进行劳动，劳动使人与动物区别开来；二是社会关系总和，这是由于劳动要有社会组织，而在劳动生产基础上，又形成种种社会制度，也就是说，人在本质上是社会关系的总和；三是理性，在劳动生产中，人的理性也发展起来了，理性使劳动越来越自由，使社会关系越来越成为自由人的联合体，这也就体现了人的本质特征。参阅：冯契. 冯契文集：第 3 卷 [M]. 上海：华东师范大学出版社，2016：31.
[③] 同①，第 31-32 页.
[④] 同①，第 77 页.

到对象上去。① 据此，冯契指出自由就在于人能把物种固有的规律或内在的尺度运用到对象身上去，实现人的目的，表现为人的本质力量在劳动及其产品中的对象化、形象化。② 为此，冯契以"庖丁解牛"为例阐释了自由劳动的特征，具体包括以下三点。一是能够真正地把对象固有的规律运用到对象身上去；二是不只是劳动产品对劳动者是目的，劳动本身也是目的；三是人的本质力量对象化、形象化了，或者说，人在人化的自然中能够直观自身。在此基础上可以发现，自由作为一种正价值，必须以自由劳动为基石和目的。

冯契认为，就人的目的而言，"作为价值体系的最基本的东西，就是自由的劳动"③。因此，道德作为正价值，要以自由劳动为目的和基石。在冯契看来，随着生产劳动的发展演变，人类社会的结构在改变，包括道德在内的价值观也在改变。④

具体而言，冯契依据马克思关于人类历史的观点，对中国的社会形态及价值体系进行了划分。马克思把人类历史分为以下三个阶段。第一个阶段是以人的依赖关系为基础的社会形态，即前资本主义社会；第二个阶段是以物的依赖性为基础的社会形态，即资本主义社会；第三个阶段是个人全面发展的共产主义社会，即自由人的联合体。据此，冯契通过唯物辩证法系统分析了中国传统价值观的内容，认为中国的社会历史及其价值体系也符合马克思对人类历史的划分。在他看来，第一个阶段是以自然经济为基础的原始社会、封建社会，在此基础上的价值观主要是权威主义以及独断论的价值体系。不可否认的是，其中也包含合理的东西，如勤劳、爱国、勇敢等美德。第二个阶段是以商品经济为主的社会形态，在此基础上的价值观主要是实用主义、利己主义。不过，商品经济中也包含合理的东西，它使劳动力成为商品，使劳动力获得自由，培养了劳动者的集体精神。第三个阶段是人的本

---

① 马克思，恩格斯. 马克思恩格斯文集：第1卷 [M]. 北京：人民出版社，2009：162-163.
② 冯契. 冯契文集：第2卷 [M]. 上海：华东师范大学出版社，2016：128.
③ 冯契. 冯契文集：第3卷 [M]. 上海：华东师范大学出版社，2016：78.
④ 同③，第78页.

质全面发展的共产主义社会，即自由王国。上述这些都充分说明了以自由劳动为基石的道德，能防止权威主义、实用主义以及利己主义等异化的价值观。

总体来看，道德作为自由的德性，体现了人在本质上对自由的要求；道德作为正价值，体现了人在本质上对自由劳动的要求。这些都充分表明自由是道德的本质。而自由作为道德的本质，是通过"由自在而自为""化理想为现实"的方式来实现的。

二、自由是"由自在而自为"[①]

冯契认为，自由是主体由自在而自为的过程，与化自在之物为为我之物的过程相一致。同时，在化自在之物为为我之物中，主体成为越来越自由的人格。[②] 简言之，自由的实现方式就是主体"由自在而自为"，即自由的人格的养成。因此，在冯契看来，道德作为自由的实现，是主体的自为。

主体由自在而自为往往也是自由从自在到自为。马克思主义认为，精神主体要经历由自发（自在）到自觉（自为）的过程，这个过程与认识和实践的反复活动相一致。冯契以此为依据指出，当人的精神处于自在阶段时，它的意识活动具有自发性；而当它处于自为阶段时则是自觉的。[③] 冯契进一步指出："人天生并不自由，但在化自在之物为为我之物的过程之中，人由自在而自为，越来越获得自由。"[④] 冯契强调，人的自由不仅是一个自然过程，还是一个从自在到自为的实践活动，即"自由不仅是自在，而且是自为"[⑤]。具体而言，在自在的层次上，自由是社会发展规律和主观能动性走向一致的过程，与物质和精神、世界和自我交互作用的过程相联系，有它客观自在的规律性。在

---

① 冯契. 冯契文集：第3卷 [M]. 上海：华东师范大学出版社，2016：24.
② 同①，第6页.
③ 冯契. 冯契文集：第2卷 [M]. 上海：华东师范大学出版社，2016：124.
④ 同①，第8页.
⑤ 冯契. 冯契文集：第1卷 [M]. 上海：华东师范大学出版社，2016：56.

自为的层次上，自由是指主体从现实中汲取理想，又使理想化为现实的实践活动。在冯契看来，这一过程包含以下三个层面。其一，人们在现实中把握人性发展规律并赋予其理想形态，从而凭借理想指导人生，使天性发展为自由的德性。其二，人们在现实中把握社会发展规律并赋予其理想形态，从而凭借理想使社会成为自由人格的联合体。其三，人们在实践活动中通过理想使自在之物化为为我之物，使劳动产品体现人的本质力量，创造真、善、美统一的价值体系。上述这些，都充分表明主体由自在到自为与自由从自在到自为，归根结底是一致的。

在明晰自由是"由自在而自为"的基础上，可以发现，道德作为自由的实现，就是主体的自为或自由的自为，主要包括以下三点。一是有自由德性的道德主体；二是以自由人格的联合体为内容的道德理想；三是以真、善、美统一为内容的价值体系。

第一，道德作为自由的自为，是拥有自由德性的道德主体。冯契认为，人类按发展方向而言，要求在性与天道的交互作用中实现人的自由。或者说，自由的自为就是主体"发展他的自由的德性"[1]。这里的"自由的德性"是指人们自觉发展自己的本质能力，使自己成为自由的人格。在冯契看来，自由的德性是指德性的全面发展。具体而言，主体自觉地在感性实践活动中把握天道、人道，并运用天道、人道发展自己的本质力量，培养自由的德性。同时，人的德性也有助于人们更好地认识天道、人道。在此基础上，可以发现，人就由自在而自为，成为越来越自由的人格。因此，在冯契看来，道德作为自由的自为，就是拥有自由的人格或自由的德性的道德主体。

第二，道德作为自由的自为，是以自由人格的联合体为内容的道德理想。冯契认为，自由的自为还在于人类社会成为自由王国，而"自由王国既是自然的人化，又是人道的自然化"[2]。"自然的人化"是指人们通过改造自然，形成由人主宰的价值界，使社会成为真、善、

---

[1] 冯契. 冯契文集：第1卷 [M]. 上海：华东师范大学出版社，2016：325.
[2] 冯契. 冯契文集：第3卷 [M]. 上海：华东师范大学出版社，2016：269.

美统一的领域;"人化的自然"是指人利用天道和人道发展自己的本能,使人的天性成为德性。由此可见,在自由王国中,物质生产活动既符合科学规律,又适合人性需要;同时,人还能以自身为目的,成为自由的人格。不过,这些都具有理想性质,还不是现实。人们还需在人与自然的交互作用中继续努力。因此,在冯契看来,道德作为自由的自为,是指以自由人格的联合体为内容的道德理想。

第三,道德作为自由的自为,是以真、善、美统一为内容的价值体系。自由的自为是指价值创造的产物,这种产物与劳动产品或为我之物密切相关。冯契认为,人们在以自由劳动为目的的实践活动中,自觉将人的需要与物种的尺度相结合,创造劳动产品。[1] 这种人创造劳动产品的实践活动,本质上就是人的本质力量对象化的活动。因此,劳动产品作为为我之物,既是人类创造的文化,也是人们自由劳动的产物,即"为我之物既是真理的实现,又是人的目的的实现"[2]。由此出发,冯契指出,如果为我之物对人民、对人类进步具有真实利益,那么它就具有价值,体现为道德的善、科学的真、艺术的美以及一切有利的制度、措施等。因此,道德作为自由的自为,是人们在自由劳动中价值创造的产物,即以真、善、美统一为内容的价值体系。

三、自由是"化理想为现实"[3]

冯契认为,人的自由不仅可以视为主体由自在到自为,还可以视为把得自现实的理想转化为现实。把人的自由视为化理想为现实,本质上是将自由的实现视为一个过程。简言之,自由的实现方式是"化理想为现实"。因此,道德作为自由的实现,其现实化的结果就是理想的具体化、对象化。

自由作为"化理想为现实",是指"以得自现实之道还治现实"[4]。冯契认为,"以得自现实之道还治现实"就是从现实生活中汲取理想,

---

[1] 冯契. 冯契文集:第3卷[M]. 上海:华东师范大学出版社,2016:7.
[2] 同[1],第8页.
[3] 同[1],第24页.
[4] 同[1],第5页.

又创造条件使理想在社会生活中得以实现。这里的"现实"是指人生或人类生活,属于现实世界或自然过程的一部分。"理想"是概念,而要求理想实现的人格是人的精神。冯契进一步指出,如果理想化为现实,总是合乎规律的发展,可能性化为现实是合乎规律的,又是人的本质力量的对象化,那么这种本质力量的统一就是人格。① 这里的"人格既是理想的因,也是理想的果"②。因此,在冯契看来,作为人的本质力量对象化的人格,是理想的实现,表现为真正有价值的人格或自由的人格。这就表明,理想化为现实就是人的自由的实现。

在明晰自由是"化理想为现实"的基础上,可以发现,道德作为理想实现的结果,就是自由的德性。这是因为,在冯契看来,化理想为现实的问题,也是化理论为德性的问题。这里的德性是真、善、美统一、全面发展的人格。因此,道德作为理想实现的结果,就是在人生理想、道德理想以及审美理想实践活动中养成的真、善、美统一的人格,包括自由的智慧、自由的德行和自由的美感。

第一,自由的智慧。在价值领域,自由的智慧即智慧的具体化,展开于人生理想化为现实的实践活动之中。冯契认为,以真理性认识为依据的人生理想,既反映了现实发展的规律,还与人的本质需要相联系。③ 当人生理想获得实现,人就凭借为我之物发展自我的本质力量。或者说,在客观规律与人性发展要求相统一的活动中,人类实现了其价值。这种价值的实现表现为言行一致、表里如一的德性或人格,即有真实的德性。按照中国传统哲学的用语,这样的人格不仅"知道",并且"有德",而非伪君子、假道学。因此,自由的智慧体现为有真实德性的人格。

第二,自由的德行。在冯契看来,道德理想化为现实,人就拥有了自由的德行。这里的道德理想是关于善的伦理和品德的理想,要求建立以人民利益为基础的正义和仁爱的伦理关系,养成具有正义和仁

---

① 冯契. 冯契文集:第 2 卷 [M]. 上海:华东师范大学出版社,2016:147.
② 冯契. 冯契文集:第 3 卷 [M]. 上海:华东师范大学出版社,2016:5.
③ 同②,第 136 – 137 页。

爱品德的人格。① 但在现实生活中，人的品德有不同层次，即人没有天生完备的德性，这就需要在实践中通过行为将道德理想具体化为人的品德和现实的伦理关系。与此同时，已经形成的善的品德和伦理关系又使人的行为获得自由。在冯契看来，真实的德行表现为善的品德，而善的品德是一个发展的过程，经过实践和教育，能够由比较低的境界提升到比较高的层次。可见，当人们在实践中自觉建立正义和仁爱的伦理关系以及具有正义和仁爱品德的人格时，自由的德行也就发展起来了。

第三，自由的美感。在冯契看来，审美理想或艺术理想化为现实，是人的本质力量的对象化、形象化，即人在人化自然中直观人的本质力量的艺术创造获得。因此，冯契强调"艺术理想也是人格的主观体现"②。在他看来，理想化为现实展开为艺术创造活动，是一种精神生产，也是一个化材料为内容和给内容以形式的过程。在这个过程中，人的本质力量不断发展，人的美感也越来越自由。

总体而言，本章从人的本质着手研究冯契的道德本质思想，通过分析道德的意识形态，阐释道德的反映形式及精神实质，阐述道德的自由本质及实现方式，从而比较深入地揭示了道德在认识、本体和价值层面与人的本质的关系，展现了道德的丰富内涵。这就为本书进一步挖掘和阐释冯契道德规范思想提供了基础，也为科学评价冯契伦理思想提供了前提和方向。

---

① 冯契. 冯契文集：第3卷［M］. 上海：华东师范大学出版社，2016：170.
② 冯契. 冯契文集：第2卷［M］. 上海：华东师范大学出版社，2016：152.

第三章
人的自由与道德规范

道德规范是冯契伦理思想的重点内容之一，是理论化为德性的关键环节。在冯契看来，道德规范虽然有其必然性的一面，但它是通过人制定的，并为人遵循的，包含人对自由的要求。也就是说，道德规范不仅要符合社会规律，还要合乎人对自由的要求，这样才能切实有效地通过道德行为沟通理论与德性。由此出发，本章将以冯契有关道德规范的论述为依据，以人的自由为起点，在分析道德规范的根据、理想形态及价值原则的基础上，阐释道德规范和道德行为的关系，从而揭示道德规范与人的自由的内在关联。

第一节 道德规范是对自由的追求

一般而言，道德规范是为人的，包含人的目的。在冯契看来，人的目的无非要求人的自由、实现人的自由。因此，道德规范作为社会关系准则的反映，本质上是对自由的追求。

一、道德规范和自由

在冯契看来，道德规范作为社会关系准则的反映形式，本质上是一种当然之则，具有调节社会伦理关系和培养人的德性的功能。而自由是人根据自己的需要、利益选择现实可能性，形成自己的理想，又将理想化为现实的活动。简言之，自由就是人的理想获得实现。[1] 在此

---

[1] 冯契. 冯契文集：第3卷 [M]. 上海：华东师范大学出版社，2016：1.

基础上，冯契指出道德规范是道德理想的具体化，是道德理想在社会关系中的体现。因此，在冯契看来，道德规范作为道德理想的具体化，要求实现人的自由。或者说，道德规范是对自由的追求。

自由作为道德规范的追求，表现在冯契关于道德规范的依据、内容、价值原则以及表现形式等方面的具体论述之中。

其一，自由作为道德规范的追求，体现为道德规范以社会发展规律和人性发展规律为依据。冯契认为，正当合理的道德规范既要合乎社会发展规律，也要反映人性发展的要求。这是因为，道德规范是调节社会关系的准则，但它如果不能准确反映社会存在的秩序、规律，便不能有效规范人的行为；同时，道德规范通过道德行为来调节社会关系，离不开独立的个体。因此，如果道德规范要表现自由，就要合乎社会规律与人性规律。

其二，自由作为道德规范的追求，体现为道德规范要取得理想形态，并以善的伦理和善的品德为内容。冯契认为，道德规范是道德理想的具体化。[①] 在他看来，道德规范作为特殊的调节方式，是以社会发展规律为依据的，具有必然性。但道德规范具有必然的一面，但它要为人所把握，才能得到贯彻执行，否则便不能通过道德行为发展人的本质力量。与之不同，道德理想是由现实的可能性、人性的要求和想象力构成的，是关于善的伦理和品德。因此，道德规范要切实有效地为人所遵循，就要合乎社会的发展规律和人性的要求，还要能为人的想象力建构，只有这样才能成为人的信念，并有效地规范人的行为。简言之，道德规范取得理想形态，便体现了自由。

其三，自由作为道德规范的追求，体现为道德规范要遵循合理的价值原则。道德规范作为准则，本质上是道德价值原则的具体化。在冯契看来，人们在社会中面临人与自然、人与社会、人与人等不同的社会伦理关系，需要遵循一定的价值原则。而自然和人道统一的原则、人的全面发展原则、群体与个体统一的原则是人们正确处理不同社会伦理关系的原则。因此，以自由为追求的道德规范，要建立在价值原

[①] 冯契. 冯契文集：第3卷 [M]. 上海：华东师范大学出版社，2016：171.

则的基础上。

其四，自由作为道德规范的追求，还体现在合乎规范的行为应建立在自觉自愿的基础上。冯契认为，无论是培养社会伦理关系，还是提升人的品德，都要通过主体的道德行为来实现。这就涉及自觉和自愿、理智和意志的关系问题。在冯契看来，合乎规范的行为如果不是出于自觉自愿，就无所谓道德责任或道德义务，而真正自由的道德行为一定是自觉自愿行为。因此，道德规范以自觉自愿为基础，便体现了自由。

总之，自由作为道德的追求，体现在道德规范的各个环节当中。可见，只有以自由为追求的道德规范才是合理的、正当的，才能起到调节社会伦理关系、培养人的自由个性的功能。

二、道德规范与社会发展的规律

冯契指出："正当的道德规范和社会规律，归根结底是统一的"[①]。在他看来，道德规范作为社会关系的准则，与社会发展规律是一致的。或者说，道德规范只有如实反映社会发展规律"才是合理的、正当的"。这是因为，道德规范是在一定历史条件下形成的，有其客观规律的依据。因此，正当的道德规范应当如实反映社会发展规律，这样它才能为人们"做什么"及"如何做"提供指导。

道德规范作为劳动的产物，需要体现社会发展规律。冯契认为，道德规范作为生产劳动的产物，可以从以下两个方面来看。[②] 一方面，在生产中，人与人结成群体，凭借群体的力量支配自然，需要通过一定的规范维系群体来保障生产劳动的正常展开。另一方面，在分配中，人和人之间的情欲、利益往往相互冲突，产生矛盾，因此，需要通过一定的规范来调节人和人之间的关系。可见，正是在物质生产活动中，形成了道德规范。因此，道德规范要有效调节社会关系，就要以社会发展规律为依据。

---

① 冯契. 冯契文集：第3卷［M］. 上海：华东师范大学出版社，2016：165.
② 同①，第34页。

体现社会发展规律的道德规范，本质上是一种当然之则，能够为人们"做什么"及"如何做"提供指导。冯契认为，道德规范作为当然之则，是一种"应当"或"应该"，是"人在行动中，应努力自觉遵循的规范"[1]。在他看来，道德规范作为应当，包括"做什么"以及"如何做"两个方面。就"做什么"而言，道德规范作为道德理想的具体化，能够为人们在道德生活中"做什么"提供目标；就"如何做"而言，道德规范具有工具、手段的价值，能够为人们在现实生活中"如何做"提供标准、准则，如公民道德守则、市民公约等。因此，道德规范只有合乎社会发展规律，才能成为社会成员共同遵守的当然之则。

需要注意的是，道德规范与客观规律是有区别的，这就涉及必然和当然的关系。冯契认为，道德规范是当然之则，客观规律是必然之理。在他看来，必然之理所提供的可能性，虽然也可以选择，但是其可能性不以人的意志为转移。与之不同，道德规范具有必然的一面，但它是通过人制定的，包含着人的情感、意志。因此，客观规律与道德规范显然是不同的。

总体来看，冯契从社会实践出发探讨道德规范和社会规律的关系，揭示了道德规范和客观规律的内在关联，从而阐释了道德规范与社会发展规律的一致性。当今，也有学者从现实生活角度阐释必然和当然的关系，该学者强调道德规范的形成往往是以现实的存在，即实然以及现实存在所包含的法则，即必然为基础的。[2] 笔者认为，这一观点从某种程度上回应了冯契将道德规范和社会发展规律相统一的观点，也从某种程度上展现了冯契在道德规范问题上的前瞻性。

三、道德规范与人性发展的要求

研究道德规范问题，不仅要注意规范的客观规律依据，也要关注它与人性发展的关系。出于对中国传统礼教束缚人性发展，以及对20

---

[1] 冯契. 冯契文集：第3卷[M]. 上海：华东师范大学出版社，2016：165.
[2] 杨国荣. 成己与成物：意义世界的生成[M]. 北京：北京师范大学出版社，2018：119.

世纪八九十年代市场经济条件下部分异化现象的深刻反思，冯契将人性发展的要求与社会历史发展规律视为道德规范正当合理的两大根据。① 据此，在冯契看来，道德规范与人性的关系表现在以下两个方面。

一方面，道德规范要贯彻到人的行动中，需要体现人性发展的要求。冯契认为："规范是人制定出来的，人以规范来要求自己，要求在行动中得到贯彻。"② 具体而言，由人制定的道德规范，包含人的情感、意志等主观因素，所以人既可以用道德规范来规范自己的行为，也可以破坏，甚至违背同一集体约定俗成的规范。不过，违背、破坏规范会受到相应的处罚，如打球犯规，就会受到处罚。如果人们自觉自愿地遵循道德规范，用规范引导、约束自己的行为，那么道德规范一定包含人性发展的要求。因此，冯契认为，道德规范要以人性发展的要求为依据，这样它才能"在行动中得到贯彻"。

另一方面，人的本质力量的发展离不开正当的道德规范。冯契认为，人的本质力量是多方面的，往往表现为情、欲。而在社会关系中人与人的情、欲往往相互冲突，需要用规范来调节，以使情、欲不至过度，使人的个性得到自由发展。反之，如果道德规范忽视人的本质要求，甚至违背人性发展要求，不仅不能调节情、欲，反而会成为"恶"的道德规范。冯契以程伊川所说的"饿死事小，失节事大"为例，指出"寡妇守节"在一定历史条件下具有维护家庭的存在基础的功能，但它又在本质上违背了人性自由发展的人道原则，即仁爱原则。因此，冯契指出，道德规范要合乎人性发展的要求，体现人道原则。也就是说，道德规范要建立在人道原则的基础上，体现人的个性、人的目的，"把人看成是有个性的，把每个人看成目的"③。

由上述可知，道德规范在行动中的贯彻离不开人，而人的本质力量的发展也不能脱离正当的道德规范，因此，道德规范应以人性发展的要求为依据。需要注意的是，道德规范作为一定历史条件下的产物，

---

① 冯契. 冯契文集：第3卷 [M]. 上海：华东师范大学出版社，2016：167.
② 同①，第165页。
③ 同①。

不仅要以客观规律为依据，还要把每个人作为独立的个体，这是因为每个人"都有其自身的目的"①。

总体而言，在社会历史中，社会规律和人性的要求是不断发展的，这就决定了道德规范具有相对性。冯契指出："历史上的道德规范……在一定历史阶段上对维护社会伦理关系和对人性的发展起着积极作用，但这些作用也都是有条件的、相对的。"② 可见，道德规范要成为合理的、正当的，需要与社会发展规律和人性发展要求紧密联系。在此基础上，冯契指出，道德规范既要合乎人性发展要求，也要符合社会发展规律。这就有助于防止人们在道德实践中将道德主体局限于道德规范之中，否认人性发展的真实要求，同时还有助于防止道德规范失去调节社会伦理关系、维持社会组织正常运行的功能。

四、道德规范是道德理想的具体化

冯契认为："人和人之间应当有的道德规范、当然之则，就是道德理想的具体化。"③ 这里就涉及道德规范和道德理想的关系。在冯契看来，道德规范要有效规范人的行为，需要取得理想形态，而道德理想要指导人生，也离不开道德规范。从人的自由角度来看，道德规范只有取得理想形态，才能通过道德行为使个人成为自由人格，使社会成为自由人格的联合体。因此，要把握冯契将道德规范视为道德理想具体化这一观点的丰富内涵，就要明晰道德理想和道德规范的关系。

就道德规范和道德理想的关系而言，道德规范要有效规范人的行为就要取得理想形态，而道德理想要指导人生也离不开道德规范。一方面，道德规范只有取得理想形态，才能为人出于爱心并力求见之于行为。冯契指出，规范要取得理想形态，才能有效地规范人的行为，并具体化为人际关系的准则。这是由于道德规范虽然是一种规范的概念，但它最终要指向实践，特别是在规范人的行为时，规范不能是死板的教条和框框。而道德规范如果取得理想形态，就能使人"出于爱

---

① 冯契. 冯契文集：第3卷 [M]. 上海：华东师范大学出版社，2016：166.
② 同①，第167-168页.
③ 冯契. 冯契文集：第8卷 [M]. 上海：华东师范大学出版社，2016：67.

心来掌握它，生动地构想出来，灵活地贯彻于行动"①。比如，"爱劳动"作为道德准则，如果它只存在于一个人的言语中，而这个人对劳动并无热情，甚至并不劳动，这就说明他并未真正掌握这条准则。因此，规范要取得理想形态，不仅要反映社会规律和人性发展要求，还要取得生动灵活的艺术化形式，这样才能为人所自觉自愿地遵循。

另一方面，道德理想要指导人生，离不开道德规范。在冯契看来，道德理想以善的伦理和品德为内容，要求建立合理的社会伦理关系并培养人的道德品质。但无论是建立社会伦理关系，还是培养人的品德，都要围绕道德行为展开。而人的行为往往是用道德规范来规范的行为。因此，道德理想要通过道德行为建立社会伦理关系并培养人的品格，需要具体化为道德规范。

需要注意的是，道德规范和道德理想虽有不同，但它们在反映社会存在的层面上是一致的。冯契指出："真正的道德理想（道德规范）总是既体现一定社会集团的公利，又在事实上有着客观的真实根据。"②从这个方面来看，历史上的道德理想总是表现为反映社会组织要求及其关系的准则、规范。以冯契对无产阶级道德理想的分析为例，反映祖国与人民关系的理想，表现为爱祖国、爱人民的道德规范；反映个人与集体关系的理想，表现为互助合作和集体主义的道德规范；反映自由劳动的理想，表现为热爱劳动和各尽所能的道德规范。

由上述可知，道德规范是指道德理想的具体化，是道德作为工具和道德作为目的的统一。这就涉及道德作为工具和道德作为目的的关系问题。冯契认为，道德规范不仅具有调节社会关系的功能，同时也反映了人的目的。也就是说，道德作为工具和道德作为目的是辩证统一的。因此，冯契强调，人们不能简单区分作为手段的道德和作为目的的道德，要看到二者是可以转化的，要将道德作为工具与道德作为目的视为辩证统一的关系。③ 在此基础上，冯契强调，道德规范是分开来说的道德理想，是善的伦理和品德的具体化，表现为自由人格的具

---

① 冯契.冯契文集：第3卷［M］.上海：华东师范大学出版社，2016：171.
② 冯契.冯契文集：第8卷［M］.上海：华东师范大学出版社，2016：93.
③ 同②，第328页。

体化和自由王国的对象化。

作为自由人格的具体化，道德规范要把人视为目的，体现人的个性。冯契认为："人是一个个的个体，每一个人都有个性，每一个人本身都应看作目的，都有要求自由的本质。"① 这里的"个性"是指自然界中每个个体发展过程中一贯性的东西，这个东西是这个过程之所以成为这个过程的内在规定性。但自然事物的个性往往被视为类的分子、群体的细胞，而非严格意义上的个性。而人作为精神主体既是具体的存在，也是群体的一员。这就表明，真正自由的个性是人的个性。因此，冯契指出，道德规范正当性的本质就在于把人看成有个性的，把每个人都看成目的。

作为自由王国的具体化，道德规范要以爱和信任为内容。冯契指出，人类社会的总目标就是自由王国，它是自由人生活的自由世界，"是在各个个性为自因和相互作用中展开的"②。这里的"自由王国"是指自由人格的联合体，冯契强调，只有在个性自由和大同团结统一的自由王国之中，才会存在爱和信任的关系。进而，他考察了人类历史上的伦理关系。在他看来，人类最初处在以自然经济为基础的劳动组织中，形成了人对人的依赖关系，这种关系表现为封建社会的家长制、宗法制等规范；进入商品经济社会，社会组织中存在人对物的依赖关系，形成了维护这种关系的人道、自由等道德准则；在共产主义社会，人们才能真正克服人对人、人对物的依赖，形成"自由人的联合体"，才能形成以仁爱和正义为内容的社会伦理规范。在此基础上，可以发现，道德规范建立以爱和信任为内容的伦理关系，是一个不断发展的过程。

总之，作为自由王国和自由人格的具体化的道德规范，旨在"建立以人民利益为基础的正义和仁爱的伦理关系，养成具有仁爱品德的人格"③。由此可见，道德规范如果以自由王国和自由人格为追求，便能在调节人与人、人与集体的关系中通过道德行为培养合理的社会伦

---

① 冯契. 冯契文集：第3卷［M］. 上海：华东师范大学出版社，2016：42.
② 同①，第262页。
③ 同①，第170页。

理关系，使社会组织由必然王国走向自由王国，使人的天性发展为自由的德性。①

第二节　道德规范的价值原则

从人的自由角度来看，道德规范要使社会成为自由人格的联合体，使人成为自由的人，需要为人们正确处理社会伦理关系提供合理的价值原则。对此，冯契在系统考察中国传统价值原则学说的基础上，认为正确解决人与自然、人与自身、人与社会等基本伦理关系应坚持合理的价值原则，即自然和人道统一的原则，人的全面发展原则，集体和个性统一的原则。②

一、自然和人道统一的原则

在人和自然的关系问题上，冯契认为，自然和人道统一的原则是人们处理人和自然关系应当遵循的价值原则。在他看来，将道德规范建立在自然和人道统一的基础上，既是中国传统天人之辩的积极成果，也是人类趋向人和自然统一的理想境界的客观要求。

从人与自然交互作用的历史来看，自然和人道统一的原则是中国传统天人之辩的积极成果。在冯契看来，中国传统天人之辩的学说中既有侧重自然原则的传统，也有侧重人道原则的思想，还有强调自然和人道统一原则的内容。其一，侧重人道原则的传统。冯契认为，儒、墨两家虽然在说法、立场上有差别，但是都肯定"爱"的价值、人的价值，都主张在人与人之间的关系中培养理想人格，这就体现了人道（仁爱）原则。③ 比如，孔子肯定"爱"的价值，强调人与人相处要有爱心、同情心，因此，孔子讲"鸟兽不可与同群，吾非斯人之徒而谁与？"（《论语·微子》）；墨子主张爱无差等，强调"兼即仁矣，义矣"（《墨子·兼爱下》）；后期墨家明确提出，真正的爱就是爱人如爱己，

---

① 冯契. 冯契文集：第3卷 [M]. 上海：华东师范大学出版社，2016：263.
② 同①，第101页。
③ 同①，第84页。

视每一个人为自己,而非牛马一样的工具,即"仁:爱己者,非为用己也,不若爱马者"(《墨子·经说上》)。其二,侧重自然原则的思想。冯契指出,将自然原则作为天人关系的原则,主要强调在德性培养中注重天性,推崇个性的自由发展,这方面以先秦道家为代表。比如,老子认为,人格培养应摒弃儒家倡导的仁义道德,复归自然,故而老子讲:"大道废,有仁义,智慧出,有大伪"(《老子·道德经·第十八章》)。可见,在老子看来,圣智、仁义、巧利等道德观念只能使社会混乱,人们只有"绝圣弃智""绝仁弃义""绝巧弃利",才能达到"上德不德,是以有德"(《老子·道德经·第三十八章》)的理想境界。其三,侧重自然和人道统一原则的内容。冯契认为,荀子、王安石、王夫之等人都区分了天道和人道,都主张自然原则和人道原则的统一。比如,荀子在"明于天人之分"的基础上指出,人的职分在于"制天命而用之""化性起伪",并强调这样才能达到"性伪合而天下治"(《荀子·礼论》)。

在此基础上,冯契指出,只讲人道观念而忽视自然原则,就会使礼教成为虚伪骗人的东西;而只讲尊重自然而忽视人道,就会成为黄老刑名之学或玄学空谈。比如,正统儒家都强调人道观念,从董仲舒、王弼的"天命"到程朱的"天理","都把一定历史条件下的道德规范(纲常名教)形而上学化"。因此,冯契认为,对待人与自然、性与天道的关系要秉持自然和人道统一的原则,防止道德规范的形而上学化。

从人与自然交互作用的实践活动来看,自然和人道统一的原则是人类趋向人和自然统一的理想境界的客观要求。冯契认为,在人与自然的交互作用中,自然人化和人道自然化统一于社会实践。[1] 一方面,在自在之物不断化为为我之物的实践活动中,人们在改造自然和创造价值的实践活动中使自然人化,并形成了由人主宰的价值界。另一方面,与自然的人化相联系,人道也在自然化。人道自然化是指人们通过结合人的需要与现实的可能性,使人的本质力量对象化、具体化,并使人性展现为人道。也就是说,"人道总是出于自然而归于自然,只

---

[1] 冯契.冯契文集:第3卷[M].上海:华东师范大学出版社,2016:277.

有这样，人道才真正成为人的德性的表现"①。因此，在自然人化与人道自然化的实践活动中，"人道（当然之则）和天道（自然界的秩序）结合为一了"②。

总体而言，无论是从历史发展来看，还是从社会实践来看，道德规范要正确处理好人和自然的关系，就要秉持自然和人道统一的原则，建立在人道原则和自然原则的基础之上。具体而言，一方面，道德规范以人道（仁爱）为原则，是指道德规范在调节人和自然的社会关系中要体现人性的发展要求，并能为人所自觉自愿地遵循。另一方面，道德规范以自然为原则，要求道德规范既要符合社会发展规律，也要合乎人的天性。这是由于社会发展规律和人的天性包含"不以人的意志为转移的自然规律，有自然的必然性"③。需要注意的是，人的自然属性虽然具有动物遗传的渊源，但是随着社会实践的发展也越来越具有社会性，所以，"我们一方面要看到人的自然属性之强有力，不能加以忽视；另一方面又要看到，人的这些属性早已社会化了"④。因此，在人和自然的关系中，道德规范只有以自然和人道的统一为价值原则，才能使劳动成为自由劳动，使人达到人和自然、性与天道统一的自由境界。

二、人的全面发展原则

在感性和理性的关系问题上，冯契认为，人的全面发展原则是人们正确处理人和自身、感性和理性关系应当遵循的价值原则。在他看来，将道德规范建立在人的全面发展原则的基础之上，既是中国传统理欲之辩的积极成果，也是人的本质要求和自由的体现。

从感性和理性相互作用的历史来看，感性原则和理性原则的统一，是中国传统理欲之辩的积极成果。在冯契看来，中国传统理欲之辩的学说中既有侧重理性原则的传统，也有侧重感性原则的思想，还有强

---

① 冯契. 冯契文集：第3卷 [M]. 上海：华东师范大学出版社，2016：268.
② 冯契. 冯契文集：第1卷 [M]. 上海：华东师范大学出版社，2016：278.
③ 同②，第277页。
④ 同①，第33页。

调感性和理性全面发展的内容。其一，侧重理性原则的传统。冯契认为，从孔子、孟子、荀子到朱熹等中国古代哲学家都强调人与禽兽的区别在于人有理性、能思维。比如，孔子提出的"君子喻于义，小人喻于利"（《论语·里仁》）。在这里，孔子讲"情"（爱心、同情心）与"理"（理性要求）相结合，强调仁、义、忠恕之道等内容都出于内心的理性要求。同时，理性原则还具有引导、节制情感和欲望的功能。比如，朱熹提出的"存天理，灭人欲"，便是用理性节制情欲。其二，侧重感性原则的思想。冯契认为，在中国传统伦理思想中，虽然理性主义一直是主流，但也有肯定正当情感、欲望的思想。比如，墨子提出的"义，利也"（《墨子·经上》），就是把道德视为功利，从而将感性原则与人道原则、功利主义结合起来。又如，在封建社会后期，受理性绝对化的影响，陈亮将感性需要的满足视为人道原则，强调情感、欲望得到满足就是"道"，他指出："夫道岂有他物哉？喜、怒、哀、乐、爱、恶得其正而已。"① 其三，重视感性和理性全面发展的思想。冯契认为，荀子在《劝学》中提出的"不全不粹之不足以为美也"，到王夫之强调的"人欲之各得，即天理之大同"②，都体现了感性和理性协调发展的观点。

在此基础上，冯契指出，先秦时期与情欲结合的理性是比较合理的，但到了封建社会后期演变为理性专制主义，使"以伦理为中心"的实践理性绝对化，贬低了情、意等感性因素，甚至导致了"以理杀人"的悲剧。到了近代，虽然进步思想家通过强调意志自由、个性解放反对理性专制主义，但是由于中国古代缺乏意志自由的传统，导致了意志主义走向了反面，演变为"唯意志论"，成为维护法西斯统治的工具。因此，冯契指出，人是具体的、有个性的人，是知、情、意的统一。也就是说，感性和理性、成身和成性应当统一，德性修养不能离开形、色。③

---

① 陈亮．勉强行道大有功［M］//陈亮集：上册．北京：中华书局，1987：101．
② 王夫之．读四书大全说：第4卷［M］//船山全书：第6册．长沙：岳麓书社，2011：641．
③ 冯契．冯契文集：第3卷［M］．上海：华东师范大学出版社，2016：91．

从感性和理性在实践活动中的展开来看，人在本质上是知、情、意的统一，要求在实践中全面发展，达到真、善、美统一的理想境界。冯契认为，人的精神只有在劳动实践中才能自由发展。在他看来，人的活动是有意识的活动，人的良知，即实践理性总是力求以理性指导实践，使人的活动成为理性的展开。具体而言，在现实生活中，人的意识中总是包含无意识，理性中总是包含非理性，而且情、意和本能这些非理性的精神力量往往会自发地起作用，并不完全受理性的控制。比如，在宗教活动中，人们虽然凭借理性按照教规展开行动，但是宗教信仰中包含非理性的力量，甚至包含反理性或迷信的成分。需要注意的是，从社会发展的方向来看，冯契指出，人的感性越来越具有理性的精神。也就是说，在情感、欲望、意志等非理性内容中，理性主导的作用越来越大，如人的情感成为合理的情操，直觉成为理性的直觉等。① 但如果认为用理性能够代替非理性，便会导致理性专制主义。同样，如果放纵情欲，激发盲目的激情，也会造成巨大的危害。因此，冯契强调在社会实践中，应该使"理性和非理性，知、情、意协调起来，……使人的本质力量越来越成为知、情、意全面发展的德性"②。

无论是从历史发展，还是从社会实践来看，人们要正确处理好感性和理性的关系就要坚持人的全面发展原则。这就要求将道德规范建立在人的全面发展原则的基础上，主要包括以下两个方面。一方面，道德规范要坚持理性原则。道德规范以理性原则为基础是指道德规范要合乎天道、人道和认识过程之道，使人能用理性明察并自觉遵循。另一方面，道德规范要重视感性原则。在道德规范中强调感性原则是指道德规范为人遵循要出于人的意志自由，而不是被迫的，否则道德责任或道德义务就没有善恶意义。冯契还指出，在道德领域，过度强调理性原则容易导致理性专制主义，甚至可以"以理杀人"，过分强调感性原则容易使人成为自己的情欲的奴隶。③ 因此，冯契高度肯定李大

---

① 冯契.冯契文集：第1卷［M］.上海：华东师范大学出版社，2016：124.
② 冯契.冯契文集：第3卷［M］.上海：华东师范大学出版社，2016：268.
③ 同②，第125页。

钊提出的"物心两面的改造,灵肉一致的改造"①,强调个性解放和大同团结相结合的理想就是人的本质力量全面发展的表现。因此,道德规范如果为人自觉自愿地遵循,便体现了感性原则和理性原则的统一,体现了人的全面发展原则。

总体来看,道德规范既要防止忽视感性原则造成的理性专制主义,也要防止忽视理性原则导致的情欲的放纵,这就需要将道德规范建立在人的全面发展的原则之上。只有这样,道德规范才能使感性和理性协调发展,使人的本质力量全面发展。

三、集体和个性统一的原则

在集体和个体关系方面,冯契认为,集体和个体统一的原则是人们处理人与社会关系应当遵循的价值原则。冯契认为,集体和个体统一的原则重在强调道德是社会意识和个人意识、共性与个性的统一,即合理的道德规范既要反映人的社会性,也要体现人的个性。② 在他看来,将道德规范建立在集体和个性统一的原则之上,既是中国传统群己之辩的积极成果,也是社会朝着自由人格联合体发展的客观要求。

从群己之辩的历史来看,集体和个性统一的原则是中国传统群己之辩演变的积极成果。冯契认为,中国传统群己之辩学说既包含强调集体原则的传统,也包含侧重个性原则的思想,也有注重集体与个性统一的内容。③ 其一,侧重集体原则的传统,强调集体的作用。比如,荀子讲"明分使群",就是指一切规范、制度都是为了合群,旨在使人们凭借集体的力量"假物以为用",从而养息天下。其二,侧重个体原则的思想,强调个性自由。如杨朱提出的"为我""贵己"之说,把个人的生命价值与社会利益对立,主张"全性葆真,不以物累形"④。庄子提出的"至人无己",主张真正的逍遥是"天地与我并生,而万物

---

① 李大钊. 阶级竞争与互助[M]//李大钊全集: 第2卷. 北京: 人民出版社, 2006: 356.
② 冯契. 冯契文集: 第3卷[M]. 上海: 华东师范大学出版社, 2016: 166.
③ 同②, 第92-94页.
④ 刘安. 氾论训[M]//淮南子集释. 北京: 中华书局, 1998: 940.

与我为一"(《庄子·齐物论》)。其三，侧重集体与个体结合的内容。在冯契看来，黄宗羲、顾炎武、王夫之等人都注重个体与集体的结合，他们认为，"个性原则和爱国主义精神是统一的，群和己是统一的"。在系统考察中国传统群己之辩历史演变的基础上，冯契指出，过度强调集体原则容易抑制个性的自由，导致公而无私，过度强调个性又造成社会义务、国家责任的缺乏。因此，在群己关系上，"既要尊重个性，又要有高度的社会责任感和爱国主义精神等"①，从而实现群己统一。

从集体和个体在实践活动中的展开来看，集体和个体的关系就是个性与共性的关系。冯契认为，人们在劳动中产生了各种各样的社会组织，形成了各种各样的社会关系，所以，不存在脱离社会关系而独立存在的个体，而且社会关系中的人是一个一个现实的人，具有独立的个性。② 由此可见，在冯契看来，人作为社会关系的总和，本质上是共性和个性的辩证统一。一方面，社会组织是个体存在和发展的必要条件。冯契指出，为保障和维持生存需要，人们只有通过社会组织才能将劳动者和劳动资料相结合进行生产，因此，作为劳动者的个体处在这样或那样的社会关系之中，不存在孤立的个体。同时，"我是在与你、他人的交往中，在参与社会群体的活动中才意识到自己的主体性"③。另一方面，人不仅是类的分子、群体的细胞，还是有个性的人、现实的人。也就是说，类的本质体现于作为类的分子的个体当中。

从认识论来看，人的意识是群体意识与个别精神的辩证统一。冯契指出，群体意识主要是指国民精神、社会心理、阶级意识等内容，而个别精神是指各有个性特点的精神主体，体现为个体意识。简言之，"群体意识由自在而自为的发展，即体现于许多个体意识的发展过程当中"④。一方面，群体意识是对社会存在的反映，它的形成是自在到自觉的发展过程。冯契认为，人们在社会交往中通过语言、文字、符号等表达意见，最初人们的意识是自发的，当经过"百虑"达到"一

---

① 冯契. 冯契文集：第3卷[M]. 上海：华东师范大学出版社，2016：95.
② 冯契. 冯契文集：第1卷[M]. 上海：华东师范大学出版社，2016：318.
③ 同②，第315页。
④ 同①，第45页。

致"时，就形成共同认可的、自觉的社会心理或社会意识。另一方面，群体意识既是社会存在的反映，又是许多个体意识的反映。具体而言，群体意识并非抽象的一般，它是具体的、充满矛盾的，内在于一个一个的个体意识之中。

由此可见，无论是在历史演变之中，还是在实践活动中或认识发展中，要正确处理好集体与个体的关系都要坚持集体与个性统一的原则，这也是道德规范调节集体和个体关系的基本原则。在冯契看来，社会存在中的人不仅是群体的一部分，更是一个一个具体的现实的人，因此，道德规范既要正确反映社会关系的准则，也要体现人的发展要求，表现人的个性、人的目的。同时，道德规范是通过人来制定的，要求人在行动中贯彻。因此，冯契强调，道德规范在反映社会关系准则的同时，要合乎人的内心发展的要求。

总体来看，道德规范要正确处理人与自然、人与社会、人与自身等基本伦理关系，就要坚持自然和人道统一的原则、人的全面发展原则，以及集体和个性统一的原则。只有这样，道德规范才能成为合理的、正当的，才能通过道德行为使人的本质力量全面发展，使个性解放和大同团结统一、人道主义和社会主义统一的理想具体化为正义和仁爱的伦理关系，使"社会成为能够自我调节、自我改善的机体"[①]。

第三节 道德行为是合乎规范的行为

从人的自由角度来看，道德规范要求通过道德行为具体化到人和人的关系之中，以调节社会关系并提升人的道德品质。道德行为是道德理想在人身上的具体化，"是合乎规范的行为"[②]。在冯契看来，这样的行为包含以下三个要素："第一，道德理想表现于人的行为，在行为中具体化为处理人和人的关系的准则（规范）；第二，合乎规范的行为应该是合理的，是根据理性认识来的，因此，是自觉的行为；第三，

---

① 冯契.冯契文集：第3卷［M］.上海：华东师范大学出版社，2016：271.
② 同①，第172-173页。

道德行为应该是自愿的，是出于意志自由的活动。"① 可见，道德规范通过道德行为将道德理想化为现实，要建立在自觉自愿的基础上，这样才能使人的行为成为自由的道德行为，使人们用道德规范来规范自己的行为。因此，接下来首先探讨道德行为的自由以及道德行为的基础，从而明晰人们如何用道德规范来规范自己的行为。

一、道德行为的自由②

一般而言，道德行为是指人在一定意识支配下进行的、具有道德善恶意义的活动，与不道德行为相对应。人的行为能否成为道德行为，关键在于是否具有道德意义上的善。那么，什么是善呢？在冯契看来，善是道德追问的对象。广义的善是指一切可使人快乐幸福的对象，是指某种行为如果合乎一定价值规范、价值原则，这种行为便是"对"的，反之便是"错"的或"恶"的。由此出发，冯契指出，道德领域的"善"是狭义的，是"合乎人伦关系的、好的行为"③。

善的行为是不是自由的道德行为呢？对此，冯契将道德行为划分为合法的道德行为和自由的道德行为两种类型。其一，合法的道德行为是指人们自发的、合乎道德规范的行为，比如教徒按照教规进行活动，但这种自发的、出于本能的善行并非自由的道德行为。其二，自由的道德行为是指自觉自愿地遵循道德规范的行为，这样的道德行为才是以自身为目的的，才是真正自律的。简言之，自由的道德行为就是行为动机和行为目的的统一。

由此可见，自由的道德行为作为行为动机和行为目的的统一，不只是发自内心的要求，它还指向社会伦理关系的改善。冯契指出，自由的道德行为"不同于一般追求利益的行动，主要在于它的目的是巩固、改善人与人之间的伦理关系，这种行动是出于爱心和利人的活动，它以道德规范作为准则，不是像生产中那样的操作规程"④。这就表

---

① 冯契. 冯契文集：第4卷 [M]. 上海：华东师范大学出版社, 2016：41.
② 冯契. 冯契文集：第3卷 [M]. 上海：华东师范大学出版社, 2016：162.
③ 同②, 第161-162页。
④ 同②, 第172页。

明，自由的道德行为在动机上要出于爱心，在目标上要培养人的品德、改善社会伦理关系，这就包含道德与人性、道德与功利的关系问题。

就道德与人性的关系而言，道德行为的主体是一个一个现实的人，要求道德行为出于自身的爱心。冯契指出，道德行为固然要利人，"但这种对人有利，要求出于爱心"[1]。其中，道德行为要"出于爱心"是指道德行为要以人道或仁爱原则为基础，这样才能建立以仁爱和信任为内容的社会伦理关系，并提升人的道德境界。因此，冯契强调道德行为要利人，就要对人有爱心，这是因为只有社会关系以仁爱和信任为内容，人的德性、人的个性才能自由发展。

就道德与功利的关系而言，一切行为活动的目的往往在于利益，这就要求道德行为要满足人的利益、人的需要。冯契认为，人的一切行为都是在社会关系中进行的，而人们遵循道德规范也是为了一定社会集团和个人的利益，故"道德的行为要符合一定社会集团的功利，正确解决集体利益与个人利益之间的关系"[2]。在中国传统哲学中，道德和功利的关系就是义利之辩，包括"功利论"和"道义论"。"功利论"认为，道德的内容是利益，只有满足一定社会集团的利益，道德行为才能被该社会集团的成员认可，比如墨子提出的"义，利也"（《墨子·经上》）。"道义论"则主张，应当做的行为就是道德，比如儒家提出的"义者，宜也"（《礼记·中庸》）。冯契认为，"功利论"和"道义论"都有其合理之处，但也都有所偏，正确的义利关系"应当是二者的统一，而且'义'和'利'都应看作是历史范畴，都是相对于一定的社会关系说的"[3]。因此，冯契从道德和功利统一的角度出发，强调既要反对只讲利益而不讲道德的"功利论"，也要反对只讲道德而忽视利益的"道义论"。

总体上看，真正自由的道德行为不仅要出于人的爱心，还要巩固、调节社会伦理关系，这样才能满足人的利益需要。而出于爱心并增进

---

[1] 冯契.冯契文集：第3卷［M］.上海：华东师范大学出版社，2016：162.
[2] 同[1]，第163页.
[3] 同[1].

社会利益的道德行为，就是建立在自觉自愿基础之上的行为，以及人们凭借理性和意志贯彻合理道德规范的行为。

二、自觉与自愿的统一

在冯契看来，自由的道德行为是出于爱心并增进社会利益的行为，这样的行为是以自觉自愿为基础的。这是因为，道德行为只有出于自觉自愿才是真正自律的，否则就成为完全的他律，道德责任也就无从谈起。因此，要明晰道德行为自由的内在根据，就要对自觉和自愿、理智和意志的关系进行分析考察。

从历史发展来看，理智和意志的关系具有深厚的民族传统。中国古代先秦儒家强调理性自觉，但并未贬斥意志的自由。先秦以后的正统派儒家强调理性自觉，忽视意志自由，最终导致了理性专制主义和"宿命论"的盛行。近代以来，龚自珍、谭嗣同、章太炎、陈独秀以及早期的鲁迅等人为实现大同理想，主张人要发挥意志力量，实现意志自由。但中国古代缺乏"意志论"的传统，而近代进步思想家却大力推崇意志自由，这就导致了"唯意志论"的产生。因此，"在道德行为中，理智和意志、自觉原则和自愿原则应该是统一的"[①]。只有这样，以理性认识和意志自由为根据的道德行为才是真正自由的道德行为，才是真正自律的道德行为。

从认识论来看，道德行为并非先验的，它往往经历了由自发到自觉的活动过程。冯契认为，人往往是按照本能或习惯而展开道德行为的，但这时的行为是自发的行为，本质上是出于本能的德行。而真正自由的道德行为"具有自觉原则与自愿原则统一、意志和理智统一的特征"[②]。据此，冯契提出"自觉是理智的品格，意志是自愿的品格"[③]的主张，这一主张可从以下两个方面来掌握。

一方面，道德行为合乎规范要以理性认识为根据，自觉遵循合理的道德规范。在这个问题上，冯契借鉴了冯友兰的观点。冯友兰认为：

[①] 冯契. 冯契文集：第8卷 [M]. 上海：华东师范大学出版社, 2016：330.
[②] 冯契. 冯契文集：第3卷 [M]. 上海：华东师范大学出版社, 2016：172.
[③] 冯契. 冯契文集：第4卷 [M]. 上海：华东师范大学出版社, 2016：41.

"凡可称为道德行为，必同时亦是有觉解的行为。无觉解的行为，虽亦可合于道德律，但严格地说，并不是道德行为。"① 这里的"觉解"即理性认识。据此，冯契指出，如果道德行为是出于理性认识，就表明道德主体意识到自身掌握了这些规范，并将按照这些规范去做。比如，孟子推崇的"由仁义行"。孟子认为，"由仁义行"是指像舜那样的圣贤对仁义有理性认识，是自觉的，这也是人与禽兽的区别；而"行仁义"，则对仁义缺乏明察和自觉，即"行之而不著焉，习矣而不察焉"（《孟子·尽心上》）。因此，冯契指出，以理性认识为根据的道德行为表现为以下两点。其一，在教育和实践中人们对道德规范的明察虽然有程度的不同，但是都要求从社会历史规律和人性发展要求出发掌握道德规范。其二，按照规范行动要有清晰的自觉意识。

另一方面，道德行为合乎规范不仅要以理性认识为根据，还必须出于意志自由。冯契认为，意志自由是道德责任或道德义务的前提。如果道德行为不是由意志自由选择，便是被迫的行为，而出于外力的强迫，也就无所谓善恶。② 在冯契看来，中国近代进步思想家为反对中国古代的"宿命论"和理性专制主义，强调意志自由，提出了一系列至今仍有积极意义的观点。比如，龚自珍提出的"心力"，主张道德行为的展开要以自由意志为前提。又如，严复与章太炎在伦理学上虽然有功利主义与非功利主义的区别，但是他们都肯定意志自由以及每个人的独立人格，这也是后来许多进步人士共同的观点。冯契还指出，只有具有自由意志和独立人格的人，才会对自己的言行有高度的使命感和责任感。或者说，如果一个人的道德行为是出于自愿选择和自主决定的，那么他就要对或善或恶的行为后果担负道德责任。因此，冯契强调，道德行为中的意志自由具有双重品格：一是自愿选择、自主决定；二是选择后落实到自己行为，并坚持下去，努力实现自己的道德责任。③

从比较哲学的视野来看，中西方伦理思想对道德行为原则的侧重

---

① 冯友兰. 三松堂全集：第4卷［M］. 郑州：河南人民出版社，1986：535.
② 冯契. 冯契文集：第8卷［M］. 上海：华东师范大学出版社，2016：329.
③ 冯契. 冯契文集：第3卷［M］. 上海：华东师范大学出版社，2016：174.

是有区别的。在系统分析中西方传统道德行为原则的基础上，冯契归纳了中西方道德行为原则各自的特征。① 在他看来，中国古代从董仲舒的"天命"到程朱理学的"复性"都强调理性的明察和明觉，虽然他们也注意到道德行为需要凭借意志力来贯彻，但是他们缺乏对意志自愿的深入考察。而西方国家自中世纪到宗教改革，神学普遍探讨原罪是否出于意志自由的问题，特别是到了近代，从康德、叔本华、尼采、柏格森、詹姆士，直至存在主义，形成了一个强大的唯意志论传统。从中西方各自的传统来看，以儒家教义为文化背景的道德观与西方以基督教为文化背景的道德观存在明显的不同，即遵守礼教的正统儒家往往是自觉却不自愿的，信仰上帝的常常是自愿却又盲目的。可见，中国西方国家传统伦理思想关于道德行为的认识上存在不同的偏向，即中国传统道德行为强调自觉，但是容易陷入"宿命论"和理性专制主义；而西方国家的伦理思想比较注重自愿，却容易陷入"唯意志论"。在此基础上，冯契强调真正自由的道德行为是自觉和自愿原则、理智和意志的统一，二者不可偏废。②

总体而言，真正自由的道德行为一定是自觉自愿的行为，是理智和意志相统一的行为，这是道德责任的前提，也是道德规范的基础。对此，有学者认为，冯契道德行为中的自觉来源于理性，自愿形成于意志自由，而人不可能凭借理性明察全部的客观世界，故而冯契所讲的道德行为以自觉自愿为基础的观点存在一定的困难。③ 笔者认为，该学者的观点深化了冯契关于道德行为原则的研究，但是也存在一定偏颇。因为，冯契曾明确指出，自觉与自愿分别是理智与意志的体现，而理智和意志统一于人的精神当中，故而自觉与自愿不存在两个来源。同时，冯契也指出道德行为是一个由自发到自觉的过程，是与社会实践的发展相一致的，是有条件的、相对的。因此，道德行为要成为自由的道德行为，就要建立在自觉自愿的基础之上，这样才能为道德规范通过道德行为将道德理想化为现实提供基础。

---

① 冯契. 冯契文集：第4卷 [M]. 上海：华东师范大学出版社，2016：41-43.
② 冯契. 冯契文集：第3卷 [M]. 上海：华东师范大学出版社，2016：175-176.
③ 李晓哲. 冯契自觉与自愿并重道德原则的困难 [J]. 淮南师范学院学报，2017 (5)：57.

三、用道德规范来规范自己的行为①

道德规范对自由的追求还在于通过道德行为将道德理想化为现实，使社会伦理关系以仁爱和信任为内容，使个体具有善的品德。道德规范的展开离不开理性认识和意志自由。因此，冯契认为，"理智认识它，意志自由来执行，道德理想、道德规范通过实践得到贯彻、实现。"② 这个过程就是主体"用道德规范来规范自己的行为"的过程，是道德行为由自发到自觉、由不自由到自由的过程。在道德行为活动中，人们用道德规范来规范自己的行为，主要表现在个人的道德品质和社会伦理关系之中。③

一方面，主体用道德规范来规范自身的行为，有助于培养自身的道德品质。道德规范虽然具有无人格的、普遍的特点，但是这并不意味道德规范与道德品质彼此悬隔。冯契指出，就道德规范化为人的品德而言，主体的道德行为要以自觉自愿活动为前提。这是由于"一个真正有道德品质的人，是一个在道德上自由的人，他的道德行为一定是自觉自愿的"④。而自觉自愿的道德行为，习之既久，便能提升人的道德境界，并造就理想人格。由此可见，用道德规范来规范人的行为，提升人的道德境界，离不开道德主体或实践精神。

冯契认为，道德主体就是实践精神，是一种合乎理性的意志。在他看来，道德规范通过实践精神来培养人的品德，要求人在理性上、意志上对道德规范能够自觉、自愿。⑤ 道德行为的自觉是指人对道德规范有理性的认识和明觉的心理状态，这就是智（知）。在哲学史上，苏格拉底提出美德即知识；孔子强调仁智统一；孟子讲"仁之实，事亲是也；义之实，从兄是也；智之实，知斯二者弗去是也"（《孟子·离娄上》）。据此，冯契指出，智在品德里是指对仁义有明确的认识，并

---

① 冯契. 冯契文集：第 3 卷 [M]. 上海：华东师范大学出版社，2016：172.
② 冯契. 冯契文集：第 8 卷 [M]. 上海：华东师范大学出版社，2016：330.
③ 同②，第 331 页.
④ 冯契. 冯契文集：第 11 卷 [M]. 上海：华东师范大学出版社，2016：755.
⑤ 同①，第 188 页.

保持它,就是智的品德。道德行为的自愿是指道德的主体有意志力,表现在主体能够自由选择道德规范,并将其贯彻到自己的行为活动中。具体而言,道德行为的自愿表现在以下两个方面。其一,人能自由进行道德选择,在善恶之间进行权衡,凭借意志作出选择,这也是个体履行道德责任的前提;其二,道德规范贯彻于道德行为及其活动中,不能离开意志力,否则当道德规范与人的意愿不一致,甚至违背时,即使人对道德规范及其意义有充分的认识,也不能保证将其体现到行为活动中。在此基础上,凭借理性自觉和意志自由的交互作用,道德行为越来越自由,实践精神也通过行为活动"由比较低的境界发展到比较高的境界"[①],这样道德品质就发展起来了。

由上述可见,冯契将道德行为建立在自觉自愿的基础上,沟通了普遍性的道德规范与实践精神。但也有学者认为,道德规范与行为主体沟通存在困难,如维特根斯坦认为,行为的规则不仅限于个体,还包括习惯、习俗与制度,具有公共性与普遍性,"因此,'遵守规则'也是一种实践。而认为自己遵守规则并不是遵守规则"[②]。在这里,维特根斯坦将"遵守规则"的实践性、超个体性与人的精神相分割,把人对规则的遵循理解为与精神过程无关的外在行为方式,展现出某种行为主义偏向。因此,维特根斯坦虽然肯定规范的公共性、普遍性,但是他拒斥规范与内在精神过程的联系,否定了人的精神能够通过理性认识道德规范,以及通过意志选择道德规范,这与道德现实是不符合的。因此,冯契将理性自觉与意志自愿视为道德行为的基础,通过道德行为将道德规范与人的精神相沟通,对我们从理论上克服行为主义偏向具有重要价值。

另一方面,道德主体用道德规范来规范社会伦理关系中的行为,能够增强社会伦理的凝聚力。在伦理学领域,道德规范作为社会关系的准则、规范,主要在于通过行为调节人与人之间的社会关系,具有普遍的、公共的品格。如有学者从道德实践角度出发指出,无论是道

---

① 冯契. 冯契文集:第11卷[M]. 上海:华东师范大学出版社,2016:758.
② 维特根斯坦. 哲学研究[M]. 北京,商务印书馆,1996:121.

德规范的历史形成，还是现实形态，都表现出普遍的、公共的品格。①在冯契看来，道德主体用道德规范规范自己的行为，不仅能够提升个人的道德品质，还能调节社会伦理关系，也就是说，"道德理想化为现实，规范体现在人际关系之间，就成为伦理关系"②。

在冯契看来，道德规范作为道德理想的具体化，是社会伦理关系的准则、规范，也是社会成员共同生活的目标。③ 从道德规范与道德行为的关系来看，合乎规范的行为主要表现在以下三个方面。

第一，道德行为是道德规范巩固社会组织和维系社会秩序的关键环节。冯契从道德规范的形成分析了道德规范的功能，他认为生产劳动的进行要依靠社会组织，并且在劳动中人们结成了各种各样的社会组织，包括家庭、国家、民族等组合。一旦社会组织形成，便需要道德凝聚力，就要通过一定的准则、规范，巩固、维系社会组织。④ 如荀子曾阐述群体与规范的关系，他提出"人何以能群"的问题，指出"群"以"分"为根据，"分"即社会角色、等级层次的分别。这就由"群"何以可能的问题转化为"分"如何能行的问题，而对后一问题的回答便引出了"义"，即礼义规范或道德准则。由此可见，道德规范一经形成，就要求通过道德行为调节社会伦理关系，增强全社会的道德凝聚力。⑤

第二，道德行为通过道德规范使其成为文明的交际方式。冯契指出，道德行为在内容上要求巩固和发展人际关系，并增强社会伦理的凝聚力，在形式上则要求文明礼貌。道德行为需要通过语言、动作、仪式等内容实现，而通过语言、动作、仪式实现的方式，应当是文明的，而不是落后的、愚昧的。为此，冯契深入分析了中国传统中的"礼"。他认为"礼"是指文明的行为、语言、仪式，具有"节"和"文"的双重作用。⑥ 一方面，"节"是节制，是指道德规范通过道德

---

① 杨国荣. 成己与成物：意义世界的生成［M］. 北京：北京师范大学出版社，2018：119.
② 冯契. 冯契文集：第3卷［M］. 上海：华东师范大学出版社，2016：178.
③ 冯契. 冯契文集：第8卷［M］. 上海：华东师范大学出版社，2016：331.
④ 同②，第34页.
⑤ 同③.
⑥ 同③.

行为节制人的欲望、情感、意愿,使其控制在合理的范围内。比如,荀子曾讲道:"人生而有欲,欲而不得,则不能无求;求而无度量分界,则不能不争,争则乱,乱则穷。"(《荀子·礼论》)由此可见,人的欲望、利益往往相互矛盾,需要进行"度量分界",这里的"度"以"礼"为内容。如果主体的行为在"度"的界限内,是合理的并允许的,但如果超出此"度",行为便受到惩罚。另一方面,"文"是文饰、美化,主要在于通过道德规范和美化人的行为,使其成为讲礼貌、讲文明的道德行为。比如,荀子曾指出:"称情而立文,因以饰群"(《荀子·礼论》),以达到"美善相乐"(《荀子·乐论》)。这就表明,"礼"是与"情"相称的,具有文化、美饰的功能。在此考察传统"礼"的功能的基础上,冯契认为:"以'节'和'文'的双重作用作为礼的基本精神是好的,各个社会都需要文明的交际方式,发挥"节"和"文"的作用。"① 因此,社会伦理关系中的道德行为应当是文明礼貌的,这样"社会就会有一种道德的凝聚力,善行就会到处涌现"②。

第三,道德行为合乎道德规范有助于建立以仁爱和信任为内容的社会伦理关系。冯契认为,道德规范是通过人们有意识的道德行为起作用的。③ 具体表现为以下两点。其一,道德规范通过引导和约束人的行为对社会成员在情感、欲望、利益等方面的矛盾进行调节。在家庭、学校、企业、国家等各种社会伦理关系中,道德规范主要通过社会舆论、道德风尚等形式引导和约束人的道德行为,以便使社会成员的情感、欲望、利益不超出道德规范所规定的行为范围。其二,道德规范通过道德行为凝聚社会力量,巩固社会伦理关系。冯契强调,合理的道德规范通过人的道德行为增强道德凝聚力,这种凝聚力表现在为群体提供正义目标,使社会伦理关系成为爱和信任的关系,以及使社会风尚、舆论和习俗等充满仁爱的内容。④ 因此,冯契指出,通过道德规范使社会道德凝聚力增强,形成以"仁爱"为内容的社会伦理关系,

---

① 冯契. 冯契文集:第11卷 [M]. 上海:华东师范大学出版社,2016:748.
② 冯契. 冯契文集:第8卷 [M]. 上海:华东师范大学出版社,2016:331.
③ 冯契. 冯契文集:第3卷 [M]. 上海:华东师范大学出版社,2016:178.
④ 同①,第746页。

自由的德行就发展起来了。

　　总体来看，本章从人的自由着手阐述了冯契的道德规范思想，分析了道德规范和自由的关系，阐述了自由在道德规范的根据、内容和原则中的体现，以及道德规范如何使人的行为成为自由的道德行为等内容，为冯契继续阐释化理论为德性奠定了基础。

第四章
人的德性与道德实现

冯契的道德实现思想主要是指冯契关于理论如何化为德性的内容。在理论如何化为德性的问题上,冯契从德性培养的角度出发,阐述了由理论到理想并由理想到德性的具体环节,揭示了真、善、美统一的德性的实现路径。在这个问题上,冯契的基本思路是,理论要取得理想形态,成为人的德性,就要在人生理想化为现实中培养自由的智慧,在道德理想化为现实中培养自由的德行,在审美理想化为现实中培养自由的美感。

第一节 化理论为德性

20世纪50年代,冯契提出"化理论为德性"的主张,重点在于"运用理论来提高自己的思想觉悟",以"贯彻理论联系实际"[1]。在1980年3月19日致邓艾民的信中,冯契提到:"在50年代,我提了两个口号,一是化理论为方法,一是化理论为德性。其实,我的意思无非是说,哲学是世界观与方法论的统一,是世界观与人生观的统一。"[2]本书探讨的"化理论为德性"之理论正是世界观和人生观的统一,也是宇宙人生的智慧。由此出发,着重分析理论如何通过理想化为人的德性,实现人的自由,达到真、善、美统一的理想境界。

---

[1] 冯契. 冯契文集:第1卷[M]. 上海:华东师范大学出版社,2016:16.
[2] 冯契. 冯契文集:第10卷[M]. 上海:华东师范大学出版社,2016:37.

一、理论和理想

从道德实现角度看,德性培养要有科学的理论,即智慧做指导,而理论要指导人生,必须取得理想形态。在冯契看来,"理论不仅是武器、工具,而且本身具有内在价值,体现了人格,表现了个性"①,这说明理论作为世界观和人生观统一的智慧,是反映天道、人道和认识过程之道的理性观念,是缺乏情感、意志的内容,因此,理论要指导人生,需要取得理想形态。

为解决理论和理想的关系问题,冯契系统阐释了理想的内涵。关于理想,学界流行的看法是将其视为人类精神生活的重要方面,肯定它是人们对未来美好现实的追求,强调它既能为人们通过实践活动提供目标,也能为人们从事实践活动提供动力和源泉。②这种界定虽然阐述了理想与外在对象的关系,但是忽视了理想与现实、理想与德性的关系。与之相比,冯契对理想内涵的界定,则较为系统和全面。在冯契看来,理想既是"客观现实的反映、概括,又是人格的体现"③,也是"人的合乎人性的要求,特别是社会进步力量的要求"④。这样的理想包含以下三个要素:"理想必须是现实可能性的反映";"理想还必须体现人的合乎人性的要求";"理想还必须是人们用想象力构想出来的"⑤。这样的理想才能激发人们的感情,成为人们前进的动力。因此,理论要指导人生,需要取得理想形态。

理论取得理想形态,重点在于将理性、情感和意志相统一。冯契认为,理论取得理想形态就是指理论要具有意志、情感等内容,而不仅是单纯的理性知识;反之,也只有具有理智、意志和情感的理论才能指导人生。⑥比如,当一个青年接受教育并拥有一定生活经验后,他将以对世界和自我的认识为依据确定生活目标,并提出自己的理想;

---

① 冯契. 冯契文集:第 1 卷 [M]. 上海:华东师范大学出版社,2016:17.
② 王向清,余华. 冯契的人生理想学说 [J]. 社会科学家,2006 (3):6.
③ 冯契. 冯契文集:第 8 卷 [M]. 上海:华东师范大学出版社,2016:64.
④ 冯契. 冯契文集:第 3 卷 [M]. 上海:华东师范大学出版社,2016:4.
⑤ 同④.
⑥ 同④,第 256 页.

同时他也会根据这种认识确立人生志向，并对如何实现理想进行规划。因此，青年人在确立人生志向时，正确的世界观和人生观是非常重要的，他所预估的现实可能性和制定的自我要求是以其世界观为根据的。这就展现了他的意志的自由选择，虽然他受到父母、老师的影响，但立志一定是出于自由选择。这就说明，理性认识只有和自愿选择相结合，才能帮助人确立人生道路。这样的理想通过生动的形象得到充实，不再是空洞的概念，反而具有激发感情的力量。因此，冯契强调："理性、意志、情感在这里是不可分割的，三者统一起来，理想才会在人的灵魂里生根。"① 简言之，理论要成为德性，就要成为理性、情感和意志相结合的理想形态。

二、理想和德性

如果说理论具有理想形态，是化理论为德性的首要环节，那么使理想在实践中贯彻则是化理论为德性的重点环节。在冯契看来，理想只有在实践中成为人的信念，最终才能成为人的德性。

理想要在实践活动中成为人的信念。在实践活动中，人们会遇到物质的与精神的、明显的与隐蔽的等各种各样的困难。为了实现生活的目的，人们必须与困难做斗争。对此，冯契指出，人们与困难做斗争，要注意两点：其一，要使意志力专一。意志力是斗争的基础；反之，也正是在斗争中，意志力量得到了锻炼。其二，要保持明觉的心态。保持明觉心态需要人们提高自身的认识水平，使自己的精神保持在理智充分发展的状态。而提升理智能力能够使情欲有所节制，使错误得到及时矫正，使心灵获得自由。进而，"明觉的心态与专一的意志力在实践中结合起来，就能逐渐使理想成为信念"②。当人拥有了信念，他就会有一种自得之感。冯契指出，这种自得之感就是孔子所说的"知之者不如好之者，好之者不如乐之者"（《论语·雍也》）。其中，"好之"即志之所向，树立一种目标；"乐之"就更进一步了，是指依

---

① 冯契.冯契文集：第3卷[M].上海：华东师范大学出版社，2016：256.
② 同①，第257页。

据理想、信念去活动成为使人快乐的事,这种"乐"就是自得之感。总之,在实践活动中,人要不断地克服异化导致的各种困难,使理想成为信念。

受实践中各种困难的影响,信念要在认识和实践中反复展开,才能成为自由的德性,即"习成而性与成"①。"习成而性与成"是王夫之用语,经过冯契的改造和发挥,是指信念在实践中要不断反复达到性与天道的统一,才能成为真正自由的德性。冯契认为,性与天道在社会实践中展开,离不开个性化的感性形象。② 这一观点可从以下三个方面理解。就理性而言,人们对天道的认识要与人的本质需要结合起来形成理想,并用涵养使自己的精神明觉地、一贯地掌握理想和信念。就意志而言,人们对理想作出自由的选择,要在实践中,特别是克服困难中锻炼意志,始终坚持理想、信念。就感情和想象力而言,理想总是形象化的,灌注了人的感情。在此基础上,冯契指出,人们用意志力坚持信念,并通过实践和教育提升自己的涵养,使精神保持明觉,而这样虽然自得乐趣,却并不是十分自然。那么,精神如何才能自然或不紧张呢?在这个问题上,冯契指出:"只有习之既久、习惯成了自然,感到天道和性是统一的,天道仿佛就是我的理性所固有的,这才真正成为德性。"③ 因此,哲学理论(智慧)通过理想、信念而成为德性的过程,就是"化理论为德性"。

三、德性和真、善、美

在冯契看来,"化理论为德性"之德性作为具有本体论意义的自由个性,是知、情、意统一,真、善、美统一的全面发展的人格。④ 这样的人格既是逻辑思维的主体,也是情感、意志的主体,还是行动、感

---

① 王夫之在《尚书引义·太甲二》中指出:"习与性成者,习成而性与成也。"这是王夫之关于天人之德性培养的基本主张,意在强调人性的完善是在后天环境中形成的,特别强调社会物质生活的状况与周围环境在造就人的德性上的积极作用。参阅:张岱年.中国哲学大辞典:修订版[M].上海:上海辞书出版社,2010:223.
② 冯契.冯契文集:第3卷[M].上海:华东师范大学出版社,2016:257.
③ 同②,第257页。
④ 同②,第258页。

觉的主体，体现为行动的一贯性以及在此基础上意识的一贯性。由此出发，冯契指出："每个人都有他的个性特征，每个人都是个'我'。而'我'把知、情、意统一于一身。"① 在这个意义上，德性也是自由人格，具有真、善、美统一的品格。

从价值论来看，真、善、美统一于将理想化为现实的实践活动。在冯契看来，理想的实现活动就是人生理想、道德理想和审美理想的实现，也是真、善、美等价值的实现。具体包括以下三点。其一，真与人生理想。人们以符合人类利益、合乎人性发展的真理性认识为依据提出人生理想，并力求在实践中使之化为现实，即价值之真的实现。其二，善与道德理想。道德理想作为善的社会伦理和品德，在化为现实的过程中，增强了社会伦理的凝聚力并提升了人的品德，这就体现了善的价值。其三，美与德性。审美理想作为人的本质力量形象化的理想，在审美活动中总是包含道德评价，故而在培养美的个性的同时，人的德性也具有了艺术的性质。②

从认识论来看，真、善、美统一于人的精神。冯契认为，真、善、美都是主观精神的体现，且三者互为前提。③ 其一，真与善不可分割。冯契强调，人生理想所依据的真理性认识既要反映客观存在，也要与人的情、意相联系，符合人性发展要求。其二，善以真为基础。在冯契看来，合理正当的道德理想、道德规范都要以真理性认识为前提，符合社会历史发展规律和人性发展规律。其三，美与真、善不可分割。冯契认为，美以真和善为前提，美与真和善相互促进。他认为，在审美理想实现的活动中，既发展了自由的智慧、自由的德性，也发展了自由的美感，所以真、善、美的领域统一于理想化为现实的精神主体中，不是完全割裂的。④

从本体论来看，真、善、美统一于为我之物。冯契认为，人们化理想为现实的活动，归根结底是以得自现实之道还治现实，离不开化

---

① 冯契. 冯契文集：第8卷 [M]. 上海：华东师范大学出版社，2016：65.
② 冯契. 冯契文集：第3卷 [M]. 上海：华东师范大学出版社，2016：226.
③ 同①.
④ 同②，第196-197页.

自在之物为为我之物的实践活动。冯契认为,"在为我之物身上,既实现了人的真理性的认识,又实现了人的目的、要求,同时把人的本质力量对象化了,使得人们能够在人化的自然中直观自身。"① 由此出发,冯契从价值论视角指出,为我之物可以说就是真、善、美统一的理想境界的实现,具有真、善、美的价值。

总之,化理论为德性,只有经过理想、信念、实践等环节,才能使人性成为真正自由的德性,具有真、善、美统一的品格。同时,真、善、美统一的品格是一种理想境界。因此,在人生理想、道德理想、审美理想等不同理想化为现实的实践活动中培养人的德性,就是培养自由的智慧、自由的德行、自由的美感。

第二节 真与人生理想的实现

在冯契看来,理想包括人生理想、道德理想和审美理想,而理想的实现是指真、善、美统一的理想境界的实现,即自由的智慧、自由的德行、自由的美感等德性的培养。冯契阐释了确立人生理想以合乎社会发展规律和人性发展规律的真理性认识为依据,人们只有依据人生理想指导人生,才能在改变世界和发展自我中使人拥有自由的智慧。

一、作为价值范畴的真②

在现代汉语中,"真"有真假、真俗、真妄、真伪等多重含义。在哲学上,真与假、真与俗,即真谛与俗谛具有认识论意义;真与妄具有本体论意义;真与伪,即真与虚伪具有价值论意义。冯契认为,作为价值范畴的"真",与善、美并列,体现了人的本质力量全面发展以及自由的智慧,这就涉及"真"的价值内涵、基本内容及与人生理想的关系。

---

① 冯契. 冯契文集:第8卷 [M]. 上海:华东师范大学出版社,2016:89.
② 冯契. 冯契文集:第3卷 [M]. 上海:华东师范大学出版社,2016:130.

第一，就"真"的价值内涵而言，它是既符合人们利益，又合乎人性发展的真理性认识。在冯契看来，作为价值范畴的"真"可以从以下三个方面理解。

从认识论角度来看，价值范畴之真不能脱离事实秩序。冯契指出，在认识过程中，认知和评价不能分割，"人不仅要把握事实秩序，而且也是对事物属性与人的需要之间关系的反映"①。由此可见，认识不仅是理智的功能，而且它总是与人的情感、欲望、意愿等精神力量相联系。因此，在认识论意义上，理智（理论理性）不是"干燥的光"，它与情意互相促进；"真"也不是光溜溜的"真"，同时是好的、美的，具有价值意义。②

从本体论角度来看，价值范畴之真是对社会真实面貌和人生真实意义的如实反映。真实是主客的一致，而非主客不一致的虚妄。冯契认为，学知识、求智慧作为科学、哲学的活动都要求获得主客一致的真理性认识，而且科学、哲学的任务就是认识世界，认识自我。就科学而言，一切科学理论都有双重价值：一是科学理论是人实现自己目的的工具，具有工具价值；二是科学理论也反映了人的本质需要，有助于人的知、情、意的发展，具有内在价值。就哲学而言，哲学作为一种世界观和方法论，既是人们认识世界和改造世界的理论武器，也有助于人的思维能力和道德品质的提升。因此，冯契指出，哲学和科学作为智慧都是真理性认识，都如实地反映了真实，都"具有符合人类利益、人性发展的价值"③。

从德性、人格的角度来看，真与伪相对，呈现为言行一致、表里如一的人格。人们依据真理性认识确立人生理想，进而通过理想的实现活动发展自我的本质力量，使人的需要与客观规律走向一致，而这个过程也就是价值的实现。因此，冯契指出，价值的实现表现为表里如一、言行一致的人格，并且这样的人格具有真实的德性，而非伪君

---

① 冯契. 冯契文集：第3卷 [M]. 上海：华东师范大学出版社，2016：131.
② 同①.
③ 同①，第132页.

子、假道学。①

第二，就"真"的内容而言，价值之真是工具价值和内在价值的统一，涉及功利与真理、人性与真理的关系问题。就真理与功利的关系而言，真理性认识所反映的客观规律原本是独立于人的利益的，但当主体认识规律并运用规律为人类谋福利时，真理便具有了工具价值。冯契指出，理论的工具价值从属于人们趋利避害的目的，既有助于增进人们的利益，又反过来为人的行为活动提供指导，具有权衡、指明方向的功能。② 在哲学史上，陈亮、叶适等倡导"事功之学"，强调促进社会进步、增进人民利益，并据此反对理学唯心论，驳斥理学家"自以为得正心诚意之学"，其实都是"风痹不知痛痒之人"③。在系统考察哲学史的基础上，冯契认为，我们应正确地将事功和理论、利益和道德相统一，并用科学的理论指导人的活动，这就要防止脱离事功，空谈道德修养的片面化倾向，也要防止过度急功近利而忽视人格修养的片面化倾向。

就人性与真理的关系而言，真理性认识是人性发展要求的真实体现，具有内在价值。在冯契看来，如果社会意识如实反映社会存在的本质，那么它就是真理性认识，这样的认识包含对人的本质力量的认识。冯契认为，近代反帝反封建的革命斗争史是一个由自发到自觉的过程，他指出近代鸦片战争以来人们不断自发地反帝反封建，如洪秀全、维新派、资产阶级革命派等。但是直到以李大钊为代表的中国共产党人提出"大同团结和个性解放统一"的理想，才达到比较自觉的阶段。这种革命世界观的自觉，是以科学的真理性认识为依据的，它唤醒了人本身内在的自由个性。因此，冯契指出，化理论为德性根本上就在于主体由自发而自觉的过程，且"每次自觉都是一次人性的复归"④。

第三，就"真"与人生理想的关系而言，人生理想要以真理性认

---

① 冯契. 冯契文集：第 3 卷［M］. 上海：华东师范大学出版社，2016：133.
② 同①，第 134 页.
③ 陈亮. 上孝宗皇帝第一书［M］//陈亮集. 北京：中华书局，1987：9.
④ 同①，第 136 页.

识为依据。冯契认为，作为价值范畴的真，与善、美是不可分离的，与情感和意志统一于人的精神。"真"既是客观存在的反映，也是主观精神的表现，具有丰富的价值意义。具体表现在以下两个方面。其一，人生理想的确立要以真理性认识为依据；其二，人生理想化为现实，便体现了价值的实现。但无论是确立人生理想，还是实现人生理想，都离不开与天道交互作用的现实基础。因此，冯契指出，人们认识世界和认识自我都需要认识客观真理，而人总是根据对自身，包括社会和个人的认识提出人生理想，并力求在实践中将理想变为现实，以求实现人的价值。①

二、社会理想

从群己关系来看，人生理想包括社会理想和个人理想。社会理想作为人们对社会生活未来状态的建构，与人的发展密切相关，寄托着人们对真、善、美的向往。马克思指出，"代替那存在着的阶级和阶级对立的资产阶级旧社会的，将是这样一个联合体，在那里，每个人的自由发展是一切人的自由发展的条件。"② 由此出发，冯契在系统考察中国古代和近代社会理想学说的基础上，指出经过科学论证的社会理想是"建立在对历史发展规律和人性发展要求的真理性认识的基础上的社会理想"③，这就决定了社会理想展开为过程。

第一，中国古代的社会理想。在中国古代，人们提出理想往往是以关于现实可能性与人的需要相结合的真理性认识为依据的，但是，长期以来历史上人们对社会历史的认识并不科学，特别是对社会历史规律的认识常被欲望所左右。在冯契看来，社会理想能否起到社会作用，是由历史规律决定的，关键在于社会理想"是否符合历史发展趋势，是否合乎人类利益"④。

冯契运用唯物史观对中国历史上不同学派的社会理想进行了系统

---

① 冯契. 冯契文集：第3卷 [M]. 上海：华东师范大学出版社，2016：137-138.
② 马克思，恩格斯. 马克思恩格斯选集：第1卷 [M]. 北京：人民出版社，2012：422.
③ 同①，第144页。
④ 同①，第139页。

考察。他认为从中国古代的孔子、孟子、荀子,到欧洲近代的空想社会主义者提出的社会理想都缺乏科学的根据。比如,孔子提出的尧舜禹三代,老子追求的"小国寡民"等。冯契还指出,他们的社会理想虽然是空想,但"如果它在客观上比较符合当时历史发展趋势,也应该说它包含合理因素"①。如《礼记·礼运篇》中提出的"大道之行也,天下为公。""选贤与能,讲信修睦。"等观点,成为许多近代中国人的奋斗目标,如李大钊,甚至在当代社会仍具有巨大价值。② 在辩证分析中国传统社会理想的基础上,冯契进一步指出,一定历史条件下合理的社会理想,它的实现并非如预期那样,发展到后来,也许是走向它的反面,由合理变为不合理。③ 诸如荀子"隆礼尊贤而王,重法爱民而霸"的社会理想,在当时反映了社会发展趋势,但在后世人身依附关系加强的制度下,却导致了"其上申韩者,其下必佛老"的社会风气。

第二,中国近代的社会理想。冯契在系统考察中国近代社会理想观念的基础上,依据中国近代哲学革命的演变,对中国近代社会理想的特征进行了归纳。在他看来,一方面,社会理想的变革是以历史观的变革为根据的。如洪秀全在变易史观的基础上,重新解释了古代的大同理想,其中包含理想在未来并通过群众革命斗争实现的合理因素;康有为以"进化论"为根据,提出了人道主义的大同理想,他在《大同书》中指出,理想在未来,而不是在古代;李大钊从唯物史观出发提出了社会主义与人道主义相结合的社会理想。在冯契看来,洪秀全与康有为的社会理想观念本质上都是一种空想,但康有为的《大同书》以"进化论"为根据,反映了近代人文主义,即人道主义的资产阶级社会理想,这就体现了社会理想观念的根本变化。在此基础上,冯契

---

① 冯契. 冯契文集:第8卷 [M]. 上海:华东师范大学出版社,2016:91.
② 有学者系统分析了大同社会理想在当代人类命运共同体中的价值,强调大同社会作为中国古代理想社会的代名词,这样的社会以"天下意识"为世界观基础,以"忠恕之道"为方法论依据,以"天下为公"为价值目标,表达了中国古代有识之士对人类未来社会形态的美好愿望和基本设计。参阅:郭清香. 大同社会理想与人类命运共同体构建 [J]. 道德与文明,2019 (6):146–151.
③ 冯契. 冯契文集:第3卷 [M]. 上海:华东师范大学出版社,2016:141.

指出，真正科学的社会理想是符合社会历史发展规律的社会理想和走向理想社会之路，即由新民主主义到社会主义、共产主义的大同之路。①

另一方面，中国近代哲学革命还表现在世界观的变化。冯契指出，近代中国人的世界观是由自发到自觉、由自在到自为的进程，集中表现为"通过群众的革命斗争来实现理想社会"这一观念的发展变化。冯契认为，这一观念既包含革命性的积极内容，也包含农业社会主义和皇权主义的封建糟粕，它们对后来整个近代中国都产生了巨大影响。②就其积极内容而言，这一观念在洪秀全提出的大同社会理想中是潜在的、自发的，经康有为、孙中山，再到共产党人才发展形成了自觉的科学观念，也就是共产党人提出先"以农村包围城市"，再经过中华人民共和国实现大同社会理想的革命道路。据此可知，中国近代的社会理想及其实现表现为一个曲折发展的进程。

第三，理想展现为过程。冯契指出，从人民共和国走向的大同社会是指共产主义社会，这既是个性解放和大同团结相统一的社会理想，也是经过科学论证的社会理想，即建立在对历史发展规律和人性发展要求的真理性认识基础上的社会理想，具有"真"的价值。③

从历史发展的角度看，理想在过程中实现。冯契指出，共产主义理想是符合全人类利益和人性发展的，是科学世界观的产物。他的这一观点是以马克思有关论述为根据的。马克思认为，共产主义理想是以客观事实和科学理论，即唯物史观和政治经济学为根据的，是经过严密逻辑论证的科学结论，"它是社会发展规律提供的现实可能性，也是无产阶级和进步人类的要求"④。共产主义理想的实现过程不是一蹴而就的，而是曲折发展的，"要经历许多阶段，每个阶段有具体的目

---

① 冯契. 冯契文集：第7卷［M］. 上海：华东师范大学出版社，2016：109.
② 冯契. 冯契文集：第3卷［M］. 上海：华东师范大学出版社，2016：142.
③ 同②，第145页.
④ 冯契. 冯契文集：第8卷［M］. 上海：华东师范大学出版社，2016：92.

标，而且每个民族、每个国家都有其特殊的途径"①。对此，冯契以我国共产主义理想的实现为例，他认为，共产主义理想作为我国的最高纲领，它的实现必须经过新民主主义阶段，而且经历这一阶段时不能要求共产主义理想立即实现。但在实际中，我国在经历新民主主义阶段后急于求成，致使我们为"跑步进入社会主义""跑步进入共产主义"付出了不小的代价。在对历史经验深入思考的基础上，冯契指出，社会发展的每个阶段都要经历从必然到自由、从自在到自为的过程，并且社会理想的实现也是具体的。因此，人类要走向个性解放和大同团结统一的共产主义社会是一个不断发展的过程。

三、个人理想

张岱年曾指出，"人生理想论，实是中国哲学之核心部分。中国哲学在此方面的贡献，亦较大。中国哲人，关于人生之最高准则，实可谓有比较丰富渊宏、博大精深的理论。"② 由此可见，中国传统哲学具有丰富的人生理想资源。冯契对此也极为重视，他从群己关系、存在与本质的关系入手，系统阐述了中国传统的个人理想。

第一，群与己、自我的存在与本质。冯契认为，考察个人理想首先要对个人有清晰的认识，这就涉及群与己、自我存在与本质的关系。③ 从群己关系角度来看，个体是在社会关系中实现自我价值的，个人理想也是在为社会做贡献中实现的。在冯契看来，从群己关系中认识自己，主要包括以下两点。其一，人是历史的主体，以自我价值的实现为目的。冯契认同恩格斯提出的历史是人追求自己目的的活动的观点，④ 他据此强调，每个人的活动都是有目的的，这个目的就是实现人的自我价值，而不是以人为工具。⑤ 其二，人是社会中的人，故个人价

---

① 冯契. 冯契文集：第3卷［M］. 上海：华东师范大学出版社，2016：145.
② 张岱年. 张岱年全集：第2卷［M］. 石家庄：河北人民出版社，1996：283.
③ 同①．
④ 恩格斯曾在《神圣家族》中指出："'历史'并不是把人当作达到自己目的的工具来利用的某种特殊的人格。历史不过是追求着自己目的的人的活动而已。"参阅：马克思，恩格斯. 神圣家族［M］//马克思恩格斯全集：第2卷，北京：人民出版社，1957：118-119。
⑤ 同①，第146页.

值或个人理想的实现不能脱离社会。冯契指出,社会进步、历史发展都有其内在规律,它不以人的意志为转移,而且人的活动及理想只有与其一致才能实现。因此,人的自我价值与社会价值是统一的,并且个人理想只有在个体为社会做贡献的创造性活动中才能实现。

就自我存在与本质的关系而言,人的具体存在和本质是辩证统一的。冯契认为,群己关系牵涉"自我",而对自我的认识要以存在和本质的统一为出发点。① 在他看来,存在与本质的统一包括以下两个方面。一方面,作为主体的"我",是一个具体的存在。这是由于,对于一个个的"我",我自己、亲人、朋友等总要将其视为有血有肉、有自我意识的具体存在,需要诉诸体验、诉诸理性的直觉。另一方面,作为主体的"我",具有自身绵延的统一性和自我意识。冯契认为,"我"作为实践主体,在实践活动中与周围环境展开物质交换,呈现出本体论意义的同一性和其自身的绵延统一性。因此,"我"不只是实在个体,也具有自我意识,"从本体论上说,'我'是具体的(concrete)、单一的(single),每个'我'都是独特的实体(entity),具体的存在,都具有自我意识,意识到在时光的流逝和心情变化中有'我'为主体,这个'我'不同于你,不同于他"②。因此,人们要掌握确立人生理想的真理性认识,不能离开个人与社会、存在与本质的统一。

第二,中国古代的个人理想。为进一步认识自我、发展自我,冯契从个人与社会、存在与本质相统一的角度系统考察了中国传统的个人理想。在冯契看来,传统儒家重视人的社会价值,强调个人的存在从属于本质;而道家则重视人的存在及个性发展,反对单纯重视道德的本质主义。比如,孟子提出"穷则独善其身,达则兼济天下"(《孟子·尽心上》)的社会理想,强调"兼济天下"是人的理想境界;同时,孟子所讲的"性善说"揭示了人区别于禽兽的类本质,即个性包含的本质。后来发展到理学家那里,个性被不断贬低,甚至被视为"私欲",这就导致先秦儒家的本质主义演变为理性专制主义。与儒家

---

① 冯契. 冯契文集:第3卷[M]. 上海:华东师范大学出版社,2016:148.
② 同①,第147页。

相比，道家肯定自我存在及个性的发展，反对单纯重视道德的本质主义。如庄子认为自由是自我与自然合一，主张通过"心斋"和"坐忘"达到"同于大道"，而且以"宁游戏污浊之中自快，无为有国者所羁"的态度完全漠视现实社会。后世以庄子为代表的"庄子学派"，如道家、玄学家和禅宗等继承了庄子传统，推崇个性自由。

在此基础上，冯契认为，儒家重视人的本质和社会价值，道家则注重人的具体存在和自我价值。不过，历史上儒、道两派常常相互渗透，中国古代许多封建士大夫在政治伦理关系上推崇"孔孟之道"；而在个人生活上却主张庄子、禅宗，冀望田园生活。对此，冯契运用唯物史观进行了分析。他认为儒家主张人的社会道德本质，本质上是等级制度的抽象和形而上学；而庄、禅标榜自由、逍遥，以逃避束缚为内容，本质上是一种消极的自由。①

第三，中国近代的个人理想。冯契不仅比较、分析了中国古代儒、道的个人理想特征，还概括、总结了中国近代进步思想家的个人理想特征。在他看来，到了近代，个人理想观念发生了根本变化。从龚自珍到谭嗣同、梁启超、严复、章太炎、李大钊等近代进步思想家都提出了要求个性自由的理想观念。在此基础上，冯契将近代进步思想家的个人理想特征归纳为以下三点。

其一，个人理想要体现人的多样化要求。中国古代主流的儒家个人理想主张，所有人都应以圣贤为理想，以统一的道德标准要求人，如王阳明推崇的"满街都是圣人"等。对此，冯契指出，近代进步的思想家不再以整齐划一的标准评判人，主张人都有缺点、有不足，提倡依据个人的气质和性情培养多样化的人才。

其二，人应当有性情、有理想、有担当、有作为。不同于传统道家无欲无求的逍遥理想，近代个人理想强调人应在社会实践中积极发挥自己的才能、智慧，如章太炎所讲的"竞争生智慧"，龚自珍所讲的"能忧、能忿、能思虑、能作为"②。因此，冯契指出，近代的个人理

---

① 冯契.冯契文集：第3卷［M］.上海：华东师范大学出版社，2016：150.
② 龚自珍.乙丙之际箸议第九［M］//龚自珍全集.上海：上海古籍出版社，1999：6.

想强调"一个有理想、追求自由的人应该能谋大事,担负起社会历史赋予的责任,表现自己的力量"①。

其三,个人理想要立足现实,面向未来,变革传统,培养新人。中国古代的个人理想大多以先贤为楷模,主张自身言行与先贤一致。随着中国近代自然经济的瓦解与民族危机的加深,使中国先进的知识分子意识到抓住现实与时机的重要性。比如,李大钊提出的"崇今学说",便强调"今是生活,今是动力,今是行为,今是创作"②。因此,冯契指出,近代的人生理想是鼓励人们立足现实、面向未来,引导人们做"新人"。

四、改变世界和发展自我

在系统考察中国传统社会理想和个人理想的基础上,冯契从符合人性发展和人类利益的真理性认识出发论述人生理想的实现,主张在改变世界和发展自我方面要注重智慧的具体性。在他看来,人与自然、性与天道交互作用的实践活动包含改变世界和发展自我这两个环节。

第一,作为真理标准的实践。冯契指出,作为真理标准的实践是改变世界和发展自我相统一的活动。③ 在他看来,实践作为检验真理的标准在认知领域里比较简单,但在价值领域人对自我的认识和评价、对社会发展的认识和评价,常常是好坏、真假掺杂其中。为此,冯契首先分析了实践作为真理标准在价值领域呈现复杂现象的原因,进而指出价值领域的实践标准也就是哲学的智慧或自由的智慧。

实践作为真理标准在价值领域之所以复杂、曲折,主要在于真理性认识与人的本质、人的利益是相互交错的。冯契认为,实践作为价值领域的真理标准呈现出复杂现象的原因包括以下三点。④ 其一,价值评价牵扯到人的利益。其二,真理性认识与人性发展相关联。人性是理性和非理性的统一,因此,是否合乎人性发展的要求不单纯是理论

---

① 冯契. 冯契文集:第3卷 [M]. 上海:华东师范大学出版社,2016:151.
② 李大钊. 时 [M] //李大钊全集:第4卷. 北京:人民出版社,2006:350.
③ 同①,第153页。
④ 同①,第154页。

理性的问题，还涉及实践理性、审美理性等。其三，实践活动是改变世界和发展自我的统一，但改变世界和发展自我在局部、环节等地方存在很多不一致，这使得实践标准表现出很大的不确定性。从整体发展趋势来看，"真理性认识可以证明是有价值的，是合乎人性的发展的"①。因此，在价值领域不能用统一的尺度将某一理论自封为真理，要以宽容的态度对待社会理想和个人理想。

作为价值范畴的"真"，与人要求自由的本质具有内在联系，它的实现离不开人有目的的实践活动。冯契认为，人有目的的活动常常出现错误，这就需要通过实践改正，但以前只讲"自我改造"，较少提及自我实现、自我发展，因此，是片面的。冯契进一步指出"改变世界，发展自我"才是积极的提法。②"发展自我"不仅主要在于肯定人的自主权衡、自主选择的独立人格，还在于强调个体要对自身行为负责，敢于进行自我批评。总之，真理的展现是个过程，人们对真理的认识也是个过程；同时，认识自我、发展自我也是个过程，是人的精神"由自在而自为、由低级到高级的曲折前进的运动过程"③。在这个过程中，人们在性与天道的交互作用中认识世界和改造世界、认识自我和发展自我，使人逐渐自觉起来，拥有自由的智慧。

第二，中西方哲学的不同传统。在说明实践作为真理标准的基础上，冯契从"认识世界，认识自我""改变世界，发展自我"的问题出发，系统考察了中西方哲学的不同传统。

近代有一种很流行的说法，认为西方人的重心在于物质世界，推崇理智、逻辑和科学，而中国人长期以来强调道德实践和修养，较少谈论知识。④ 对此，冯契指出，这种说法在根本上把理想与直觉、认识

---

① 冯契. 冯契文集：第3卷[M]. 上海：华东师范大学出版社，2016：154.
② 同①，第155页。
③ 同②。
④ 这种观点以新儒家代表梁漱溟为例。他在《东西方文化及其哲学》中认为，按照人生态度的不同，即人生观、人生理想的不同，世界文化可分为三类，并产生了不同的哲学。西洋文化以"意欲"向前为根本精神，追求科学，崇尚理智；中国人重心向内，对"意欲"持调和折中的态度，崇尚直觉，着重研究人的内在生命。参阅：梁漱溟. 东西方文化及其哲学[M]//梁漱溟全集：第1卷. 济南：山东人民出版社，2005：504-505.

世界与认识自我相分离，贬低了科学知识对于德性培养的作用，实质上是一种用保守观点反对进取精神的人生态度。① 也就是说，近代的流行说法不能被认为是正确的。在冯契看来，中国自龚自珍以来的进步思想家大都否定了中国古代"安分守己，调和持中"的保守的人生态度，倡导自由人格，强调向前进取的精神和竞争意识。冯契指出，要求科学地改变世界和发展自我是中国近代思想的主流，所以，"西方重视认识世界，而中国重视认识内心"的流行说法是不符合中国历史发展实际的。

同时，中西哲学传统不仅在道德实践和修养方面存在差异，在思维方式方面也有很大的区别。冯契认为，中国人较早地发展了朴素的辩证逻辑，而西方则较早地发展了形式逻辑的公理系统，且较早提出了科学方法。② 由此可见，中国人常常习惯于用联系、整体、矛盾发展的观点认识世界，探索与天道的关系；而西方人则注重分析，往往把人和自然分开进行考察。需要注意的是，冯契所讲的改变世界、发展自我，以及存在与本质的统一，都是中国近代的观念，而非中国古代的观念。这是因为中国古代虽然是存在和本质的统一，但在历史发展中却各有所侧重：居于统治地位的儒家提倡用本质主义、理性主义阐释人性，这就忽视了人的具体存在；而庄、禅则强调个性自由，注重把握人的具体存在，但他们的自由却是消极的。

第三，智慧的具体性。冯契认为，"智慧即合乎人性发展的真理性认识，智慧是具体的"，且智慧"与人性的自由发展是内在联系着的"③。因此，改变世界、发展自我要合乎人性的自由发展，这样才能使人拥有自由的智慧。

智慧的具体性是指人是具体的存在，它要求将人视为实践活动的目的。冯契认为，智慧就是人在性与天道交互作用中达到的境界，这是由自在到自为反复发展的过程。这是因为世界是无限的，自我也不可穷尽的，而每个人又是有限的存在。为了认识世界和改造世界，需

---

① 冯契. 冯契文集：第3卷 [M]. 上海：华东师范大学出版社，2016：156.
② 冯契. 冯契文集：第7卷 [M]. 上海：华东师范大学出版社，2016：18.
③ 同①，第157页。

要人们在有限中把握无限。具体而言,其一,个体虽然是有限的,但人的本质在性与天道交互作用中,凭借为我之物,不断地丰富自我、发展自我;其二,自我作为具体存在,具体地理解别人、理解自己,这就要求"把人当作目的,当作一个个独立的人格"[①]。在此基础上,冯契指出,自我依据理性从有限中掌握无限,从具体存在中把握事物的本质;同时,由存在出发把握本质的自我,并非将外在强加给自我,或将内在强加于外在,而是致力于达到性与天道统一的智慧境界。同时,人作为具体存在,与其本质应当统一,但哲学史上对这一概念往往有不同偏向。自黑格尔以后的西方哲学,产生了本质主义与反本质主义的对立。马克思主义是强调存在与本质统一的,但后来所谓正统派马克思主义却把"存在"丢弃了,产生了本质主义的偏向。另外,在近现代西方哲学中也存在一股反本质主义的倾向,如维特根斯坦由经验论和实证论着手,否定本质主义,海德格尔从存在主义出发否定本质主义等。

总体来看,冯契从群与己、存在与本质统一的角度出发,主张人生理想的确立及实现既要符合社会发展和人性发展的真理性认识,也强调人生理想在改变世界和发展自我的活动中要以人为目的并把握智慧的具体性。同时,冯契在比较、反思近现代中西方哲学中本质主义和反本质主义的基础上,强调我们应从唯物辩证法着手汲取西方实证论、非理性主义的积极因素,结合中国传统智慧的积极成果,强调人们应从存在和本质统一的角度认识世界、认识自己,这样人们才能在改变世界和发展自己的实践活动中发展自由的具体的智慧。[②]

第三节 善与道德理想的实现

不论人生理想是社会理想,还是个人理想,都要通过人们的社会行为来实现。冯契认为,如果人们在社会关系中的行为是合乎道德理

---

① 冯契. 冯契文集:第 3 卷[M]. 上海:华东师范大学出版社,2016:158.
② 同①,第 160 页。

想、道德规范的行为，那么它就是自由的德行。这样的行为能够增进社会伦理的凝聚力并提升个人的道德境界。因此，为明晰道德理想实现活动中自由德行养成的问题，就要考察分析冯契关于道德行为、道德理想的论述。

一、道德意义上的善

冯契认为，广义的善就是好，指一切合理的利益，而"道德意义上的善，是狭义的，是指涉及人伦关系的、好的行为"[①]。由此出发，在分析善与利、善与真以及善与恶的关系的基础上，明晰冯契对善的理解，以便为后文探讨自由的德行提供前提和基础。

第一，善与利。善与利的关系也就是道义和功利的关系。冯契在分析考察中国传统义利观的基础上，阐述了以儒、墨为代表的传统道义论和功利论。在他看来，墨家提出"义，利也"（《墨子·经上》），主张道德以一定社会集团的利益为内容，追求感性的、物质的、生活的满足，本质上是一种功利论；儒家提出"义者，宜也"，主张道德是应当做的行为，要求人在社会伦理关系中自觉遵循道德规范，本质上是一种道义论。对此，冯契指出儒墨的义利观都是相对一定的社会关系而言的，具有一定的合理性，而从人的多样化需要出发，他们的观点又是片面的。因此，正确的观点应是义和利的统一，这样道德行为才能合乎人们的利益并体现人的目的，正确解决集体利益与个人利益的矛盾，即"道德和利益是应该统一的"[②]。

第二，善与真。善与真的关系即义和理的关系，而义理之间往往存在矛盾。从一般意义上来看，"义"作为道德规范，包括人的意志、愿望，易被人违背；而"理"是反映现实可能性趋势的必然之理，不以人的意志为转移。[③] 对此，冯契指出，在道德领域，义和理、善与真应当统一。这就表明，正当的合理的道德规范要符合社会历史发展规

---

① 冯契. 冯契文集：第3卷 [M]. 上海：华东师范大学出版社，2016：161-162.
② 同①，第163页.
③ 冯契. 冯契文集：第8卷 [M]. 上海：华东师范大学出版社，2016：68.

律，并体现人性发展的要求。^① 同时，善以真为基础的同时，又能促进真的发展。冯契指出，在一定历史条件下形成的道德规范总是反映真理性认识的，包括社会发展规律和人性发展规律；同时，善是真的动力，即明善是人们求真的巨大动力。历史上许多杰出人物为了祖国、为了人民而奋斗，献身于正义的事业，并将此视为自己的目标，这充分体现了是巨大的道德力量推动他们去追求真理。

第三，善与恶。在冯契看来，善以真为前提，需要道德规范符合社会发展规律和人性发展规律，而社会发展和人性发展都有社会历史性。当历史发展到一定阶段，原来神圣合理的道德规范可能变为约束人性、违背规律的东西，这就要"用革命的力量对旧的神圣事物进行批判、反叛，以求改变社会习俗所崇奉的道德秩序"^②。在这种条件下，"恶"的道德便成为历史的动力，并起到一定的积极作用。这种作用具体包括以下两种情形。其一，一定社会历史阶段的道德如果不利于社会的发展和人性的发展，便需要人们对这种旧的东西进行反叛，而这种反叛往往被流俗认为是"恶"或"大逆不道"的，但实际上这是一种进步；其二，在阶级斗争当中，人们恶的情欲，如权势欲和贪欲成为历史发展的杠杆，那么社会规律就会通过这些恶的情欲起作用。所以，对待道德的"恶"要具体分析，以及善恶、爱憎等都要具体分析，特别是在道德的领域，要避免固执一"善"，将"善"绝对化，以防止"善"成为"恶"。

二、道德理想和自由^③

道德理想以道德实践为对象，但道德并非一种简单的事实存在。有学者指出，道德首先是一种价值，一种理想，即人对善的追求。^④ 这一观点无疑回应了冯契有关道德理想的认识。冯契曾指出："道德理想

---

① 冯契.冯契文集：第3卷［M］.上海：华东师范大学出版社，2016：165.
② 同①，第169页。
③ 同①，第170页。
④ 赵修义.伦理学就是道德科学吗？［J］.华东师范大学学报（哲学社会科学版），2018（6）：49.

是人生理想的重要方面，是关于善的伦理和品德的理想。"① 其中，"道德理想"具有善的价值，与真和美同属于价值领域；"伦理"主要指人与人之间，如个人之间、群体之间及个人和群体之间应当具有的道德规范；"品德"主要是指主体的道德品质。由此可见，善的道德理想是人本质上要求自由的体现，展开于现实生活、社会伦理、德行修养等道德实践活动中。

第一，道德理想是人们对美好社会和理想人格的向往，具有超越性和历史性。一方面，道德理想是对现实发展趋势和人性发展规律的反映，高于并优于现实，具有超越性。冯契认为，理想既反映了现实可能性，又体现了人性发展要求，是人们从现实生活中汲取，并对现实生活具有指导作用的科学理论。② 另一方面，道德理想还具有历史性。冯契指出，道德理想都是一定社会集团要求的反映，是对一定社会时期社会伦理关系的反映。如孔子提出的仁智统一的理想人格，形成于人对人的依赖到人对物的依赖转变时期，强调仁爱的伦理关系，便是对人的价值、人的尊严的肯定，有助于人的解放。

第二，道德理想具体化为人的行为，要通过道德规范来实现。冯契指出，道德规范是分开来说的道德理想，是主体，即人格行为活动应遵循的准则。具体而言，道德规范只有取得理想形态，成为自由王国和自由人格的体现，才能成为人的信念，并为主体在道德实践中自觉自愿的遵循。这是因为道德规范作为社会关系准则的反映，需要为主体所掌握才能调节社会伦理关系，同时只有为主体的理性掌握和意志执行，才能有效培养人的德行。因此，"规范一定要取得理想形态"。

而作为道德理想具体化的道德规范，只有贯彻于行动时，才能算是真正具体掌握了道德规范。在冯契看来，人们用取得理想形态的道德规范规范自己的行为，并出于人的自觉自愿，这就使道德行为成为真正自由的道德行为。"真正自由的道德行为就是出于自觉自愿，具有

---

① 冯契.冯契文集：第3卷［M］.上海：华东师范大学出版社，2016：170.
② 冯契.冯契文集：第8卷［M］.上海：华东师范大学出版社，2016：87.

自觉原则与自愿原则统一、意志和理智统一的特征。"① 但是自由的道德行为在历史上往往有所偏重。如在封建社会后期，儒家强调道德行为要自觉合乎天理，过度夸大理性，致使理性主义演变为理性专制主义；近代思想家强调，意志自由虽然是合理的，但部分思想家对意志自由的过度推崇又导致了唯意志论。在此基础上，可以发现，道德行为只有出于理性自觉与意志自由，才能使人担负自身的道德责任，因此，冯契强调道德行为必须是自愿与自觉的辩证统一，二者不可偏废。

第三，道德理想通过道德规范具体化为人的行为，离不开实践精神。冯契指出，实践精神是指实践理性，而"实践理性也就是善良意志，或合乎理性的意志"②。按照中国传统哲学的说法，理性和意志的关系是指"明"和"志"的关系。在王夫之等中国古代哲学家看来，"明"是理性明察，"志"即意志作用；同时，理性和意志在认识发展中相互促进，表现为一个由低级向高级发展的过程。以冯契自身对马克思主义的接受和信仰为例，他当时为了解决现实问题而自愿选择了马克思主义，而后在自觉接受教育的过程中作出肯定的选择，即自觉促进自愿；而后在理智与意志、实践与认识的共同作用下，才逐步地确立了革命的世界观和人生观，具备了共产党人的品德。由此可见，人的志向的确立是一个发展过程，要通过多次意向或动机的斗争才能确定，而且还要在实践的反复中志向才能坚定。因此，在道德实践中，意志是实践的理性，理性又是意志的主宰，二者的交互作用展现为一个不断发展的过程。③

三、社会伦理关系和道德品质④

道德理想现实化的结果就是社会伦理关系的建立和道德品质的提升。在冯契看来，道德主体在道德实践中自觉自愿地遵循道德规范，

---

① 冯契. 冯契文集：第3卷[M]. 上海：华东师范大学出版社，2016：173.
② 同①，第176页.
③ 同②.
④ 冯契. 冯契文集：第11卷[M]. 上海：华东师范大学出版社，2016：754.

并将道德规范具体化为人的道德行为。而道德行为要成为自由的德行，离不开社会伦理关系和道德品质。

第一，社会伦理关系中的德行。作为道德理想的具体化，道德规范体现在人际关系之间，表现于人的道德行为中，就成为伦理关系。按照中国传统哲学的范畴来看，伦理关系主要是仁、和、义的关系，即人与人之间公正的、正义的关系，以及人与人之间爱和信任的关系。[1] 由此出发，冯契指出，如果这种关系得到增进，就能巩固社会组织，增强社会伦理的凝聚力，并使人在社会关系中的行为逐渐自由。

就社会伦理关系的形成而言，道德规范都有客观基础，而且道德规范能够通过道德行为反作用于社会伦理关系。一方面，社会伦理关系都是在一定历史条件下形成的，都有其客观基础。[2] 在冯契看来，当社会经济发展到一定阶段产生了家庭后，随之便形成了维护家庭、一夫一妻制的家庭伦理，如孝道之类的道德。另一方面，合乎一定社会组织当然之则的道德理想、道德规范，通过人们有意识的道德行为能够反作用于社会伦理关系，能够起到巩固社会组织的作用。在冯契看来，符合社会历史规律与人性现实的道德规范对社会组织的发展具有积极作用，如孝道对于家庭、宗法制的稳固作用，爱国主义对国家组织的巩固作用等。

就社会伦理关系的内容而言，道德行为应以爱和信任为内容，并以巩固社会组织和增强道德凝聚力为目的。前面提到，道德行为如果是出于爱心而利人，便是建立在自觉自愿的基础上，即自由的德行。这样的道德行为在社会伦理关系中，能够巩固社会组织，起到增强道德凝聚力的作用。冯契认为，道德凝聚力能为社会成员提供共同的理想、使个人在社会组织中形成爱和信任的关系，形成有助于社会组织发展的道德风尚和舆论。[3] 这种道德凝聚力体现在社会生活的方方面面，如中国封建社会中的孝、节等观念，主要是通过社会风尚和舆论维护宗法制和家庭。又如，在抗日战争中，爱国主义使广大参加行动

---

[1] 冯契. 冯契文集：第11卷 [M]. 上海：华东师范大学出版社，2016：745.
[2] 冯契. 冯契文集：第3卷 [M]. 上海：华东师范大学出版社，2016：178.
[3] 同[1]，第746页.

的群众意识到自己行为的正义性，使民族凝聚力不断增强，形成具有强大力量的中华民族；同时，抗日战争的胜利又提高了民族自豪感和民族自信心，增强了广大群众爱国主义的凝聚力。在此基础上，冯契指出，社会组织以及社会团体的发展要求增强道德凝聚力，这就要通过自由的德行使人际关系成为充满爱和信任、公正和正义的伦理关系。

就社会伦理关系的表现而言，道德行为的目的不仅在于巩固和发展合理的人际关系，使社会组织具有道德凝聚力，而且还在于它的形式方面，要求成为文明的交际方式。[1] 在中国传统伦理思想中，文明的交际方式就是"礼"，它具有"节"和"文"的双重作用。其一，"节"即节制，主要是指当人面对自身与他人、自身与集体的利益矛盾时，能够使自身的欲望、爱好和意愿控制在合理范围内；其二，"文"即文饰、美化，主要在于通过礼节、礼貌、仪式等形式使伦理关系取得艺术形式。在"节"和"文"的作用方面，出于人的本能的情感、欲望越来越文明、合理。需要注意的是，冯契在这里阐述"节"和"文"的价值，并不是以禁欲主义来压抑人的欲望，只是强调要将情感以及避苦求乐的欲望加以节制和美化。因此，冯契强调儒家"节"和"文"的学说包含合理的见解，这是儒家的一个贡献。[2]

冯契还指出，"节"和"文"有心理学方面的依据。在他看来，"人生来就具有一种内在的本能冲动，通过社会生活，对人的本能的欲望就要有所节制，也要美化"[3]。这一观点是以"弗洛伊德学说"为依据的。弗洛伊德曾指出，如果抑制人的本能欲望就会产生变态，故过度压抑是不合理的，只能适当节制；同时，如果能辅之美化，使其成为文化艺术，就能在文化创造中起作用。由此出发，冯契进一步指出，无论是从调节人的利益、需要出发，还是从心理学出发，"以'节'和'文'的双重作用作为'礼'的基本精神是好的，各个社会都需要文

---

[1] 冯契. 冯契文集：第 11 卷 [M]. 上海：华东师范大学出版社，2016：747.
[2] 冯契. 冯契文集：第 3 卷 [M]. 上海：华东师范大学出版社，2016：181.
[3] 同[2]，第 180 页。

明的交际方式，发挥'节'和'文'的作用"①。冯契进而指出，基于这种文明交际方式对人的品德培养和人际关系形成的作用，人们在社会交往中应当使道德行为具有礼貌、仪式、礼节，并使这种交际方式习以成性，"道德规范取得现实形态"②。

第二，道德品质与道德行为。冯契认为："一个真正有道德品质的人，是一个在道德上自由的人，他的道德行为一定是自觉自愿的。"③由此可见，冯契把德性与德行统一于实践精神。中国古代思想家认为，内在德性与外在德行相关联，并被视为同一精神主体的不同呈现方式，如郑玄在《周礼注疏》卷十四中云："德行，内外之称，在心为德，施之为行。"④ 因此，考察冯契对于品德与德行的理解，就要明晰冯契对于道德品质、道德行为及二者关系的认识。

在冯契看来，真正具有道德品质的人，他的道德行为一定是自觉自愿的。如前所述，道德理想是关于善的伦理和品德，因此，道德理想具体化为人的品德首先就在于善。在冯契看来，如果一个人缺乏善的道德品质，那么他的知识可以帮助他作恶，美貌也可用来欺骗；而如果一个人知识不高，相貌一般，但他为人忠诚朴实，便是有品德的人。所以，冯契强调评价一个人的品德，主要就在于考察这个人是否坚持善的道德原则。同时，一个真正坚持善的道德原则的人，就是真正有道德品质的人，他的道德行为也一定是自觉自愿的。在冯契看来，道德行为是否出于自觉自愿，主要就在于这个人对道德规范是否具有理性认识，是否凭借意志进行选择和行动。如果一个人对道德规范具有理性认识，并且有明觉的心态；同时，他还凭借意志自由选择道德规范，并将其贯彻到行动中，那么这个人就具有了"一个有道德的人的性格特征"⑤。

需要注意的是，道德理想、道德规范凭借理性和意志内化为道德

---

① 冯契．冯契文集：第3卷［M］．上海：华东师范大学出版社，2016：180．
② 冯契．冯契文集：第11卷［M］．上海：华东师范大学出版社，2016：748．
③ 同②，第755页．
④ 郑玄，注，孔颖达，疏．周礼注疏［M］//十三经注疏．北京：北京大学出版社，1999：348．
⑤ 同①，第188页．

品质通常被用于正面意义，但在异化的条件下它有时也被用作负面意义。冯契认为，在社会存在异化的条件下，人的本质也会被异化，人的创造物会成为人的支配力量。① 从社会历史来看，异化的力量主要包括两个方面。一是基于人对人依赖的权力迷信；二是基于人对物依赖的"拜金主义"。正是在这两种异化力量的支配下，人的权势欲和贪欲发展起来，成为剥削者的品质。冯契强调这种异化品质具有极大的破坏作用，能够使社会失去应有的公正和仁爱的关系，使人失去爱心、正义的品德。比如，中国人的"面子"观念，本是人扮演的角色，但扮演久了，人的真正面目就失去了，而面子、面具、名目等由人创造的工具，在封建社会中反而成了一种国民心理。但异化只是历史发展的一个阶段，冯契强调马克思主义的指导，强调人类必将在经历克服异化中走向自由，达到每个人自由发展的理想社会。②

在道德理想实现的活动中，道德品质和道德行为都离不开实践精神。冯契指出，就道德规范、具体化为人的品德而言，品德不能离开实践精神，并且要注意道德规范的历史性和道德主体的层次性。③ 也就是说，在一定的历史阶段，在一定的社会组织中，有其共同的道德原则和规范，并要求社会组织成员共同遵守。比如，中国传统的仁、义、礼、智、信就是封建社会要求民众共同遵守的道德规范，但在封建社会后期，这些规范就演变为束缚个性自由的礼教。同时，冯契还指出，不仅道德规范具有历史性，而且人的品德也有层次的差别，故"在道德上要有宽容精神，不要强求一律"④。在道德实践中，有的人道德境界比较低，有的人道德境界比较高，冯契认为不同的人以及同一个人的不同阶段的道德品质虽然具有层次、程度的差异，但是通过实践和教育，其实践精神也可以从比较低的境界发展到比较高的境界，发展到自由的德行。

---

① 冯契. 冯契文集：第11卷 [M]. 上海：华东师范大学出版社，2016：757.
② 同①，第758页.
③ 同①，第756页.
④ 冯契. 冯契文集：第3卷 [M]. 上海：华东师范大学出版社，2016：189.

第四节　美与审美理想的实现

人生理想化为现实并通过人的活动，使人的本质力量形象化、对象化，使人可以在人化自然中直观自身的力量，这就是审美活动的自由。因此，为明晰冯契有关自由的美感、自由的德性的思想，接下来将进一步考察冯契关于美和审美理想实现的内容。

一、美和美感的自由[①]

"美"在知识论领域，具有不同的意义，比如美味之美是味觉的快感、美德之美是善的品德。不过，味道鲜美、身体舒适等感官快感，不一定具有美学意义。美学意义上的"美"则是价值范畴，是美感的内容，而"美感就是在形象中直观到人的本质力量，体验到人的自由发展的愉快"[②]。因此，要阐述冯契有关自由的美感的思想，就要对美感与自由、美与真和善、美与丑的关系进行分析。

第一，美感作为一种自由的快感，具有功利的性质。冯契认为，将美感视为自由的快感，包含美感与功利、美感与悲剧的关系问题。一方面，就美感与功利的关系而言，美感不是超利害的，它具有功利性质。康德指出，美感是一种自由的快感，真正自由的快感不掺杂任何利害关系，而肉体舒适、官能享受等感性意义上的快感需要通过一定条件才能实现。对此，冯契肯定了康德将美感视为快感需要一定条件的观点，但他批评了康德把自由美感视为超利害关系的观点，强调这为后世"为艺术而艺术"的形式主义提供了根据。由此，冯契指出现实中的美感和功利是密切联系的。比如，普列汉诺夫曾提出"艺术起源于劳动"的观点，主张人类最早的艺术形象就是由原始人的音乐、巫术和舞蹈相结合而成，带有明显的功利性质。[③] 另一方面，就美感与悲剧的关系而言，悲剧美具有它的内在价值。在冯契看来，引起人怜

---

① 冯契. 冯契文集：第3卷 [M]. 上海：华东师范大学出版社，2016：193.
② 同①，第200页.
③ 普列汉诺夫. 论艺术 [M]. 北京：生活·读书·新知三联书店，1973：114.

悯和恐惧的悲剧艺术能够净化人的情绪，而且还能唤醒人的生命力感，有助于人的个性的自由发展。在此基础上，可以发现，艺术及审美经验不仅具有功利性，而且在德性培养、个性发展中也具有比较重要的作用，这就说明"艺术有它的内在价值，美感经验对人的自由发展具有重要意义"[1]。

第二，美以真、善为前提，并与真、善相互促进。冯契认为，在化理想为现实的过程当中，真、善、美统一于人的精神之中。在他看来，人的精神在按照自然规律获取物质利益的生产劳动中逐渐发展，人的精神价值，包括智慧、道德和艺术也随着发展，并奔向真、善、美统一的理想境界。也就是说，人们凭借精神力量用真理性认识发展自身、改变世界，自由的智慧就发展起来了；人们凭借实践理性自愿自觉地用道德规范来规范自身的行为，自由的德性就发展起来了；人们凭借精神力量在人化自然中直观人的本质力量，自由的美感也就发展起来了。因此，冯契指出，这种真、善、美的领域就"统一于理想化为现实的精神自由"[2]。

在哲学史上，真、善、美统一的思想具有深厚的民族传统。冯契在系统考察中国传统哲学家有关真、善、美统一思想的基础上，对儒家和道家的有关观点进行了比较分析。在他看来，荀子、黄宗羲、王夫之等人都要求真、善、美统一。比如，荀子曾站在儒家的立场上，初步达到了真、善、美统一的思想，这一思想可以概括为以下两点。一是美以真为前提，荀子认为包含天地之道，即真理性认识的理想体现在艺术当中，使人从中把握天道，即"舞意天道兼"（《荀子·乐论》）；二是美、善相乐，荀子认为奏乐、习礼有益于净化情感，使人"耳目聪明，血气和平，移风易俗，天下皆宁，美善相乐"（《荀子·乐论》）。在此基础上，冯契指出"真和善是美的前提，达到'美善相乐'和'舞意天道兼'，这就是真、善、美统一的思想"[3]。

---

[1] 冯契.冯契文集：第3卷[M].上海：华东师范大学出版社，2016：195.
[2] 同[1]，第197页。
[3] 同[1]，第200页。

第三，美和丑以及美的多样性。冯契指出，美是美感的内容，美感就是在形象中直观到人的本质力量，体验到人的自由发展的愉悦；丑与美相对，也是一种直观形象，但它与人的自由本质不一致或相违背。① 需要注意的是，丑虽然违背了人要求自由的本质，但是它在审美活动中并不完全是消极的。比如，庄子为突出精神的崇高美，描述了瘸腿、驼背等许多形体丑陋的人；又如，罗丹雕塑的形体虽然比较粗糙，但它却有一种精神的美或性格的美。因此，冯契指出，艺术美要通过丑的衬托才会比较具体、突出，这就要防止教条主义，以及将美、丑关系视为美、丑斗争的偏向。

需要注意的是，美的领域不只是美和丑，还包含优美和崇高、滑稽和幽默等诸多美学范畴。冯契认为，在造型艺术、音乐、文学等不同艺术形式当中，对美的侧重也有差异；每个人教养不同，在欣赏方面趣味也有其差异；有的艺术具有教化功能，有的艺术则供人娱乐消遣，这些都是人所需要的。这就体现了美的领域是多方面、多层次的，以及美的多样性。② 因此，艺术领域要营造包容自由的氛围，这样人的本质力量才能自由地发展。

二、审美理想是人的本质力量的形象化的理想③

关于审美理想的内涵，已有研究涉及审美理想的不同方面，包括理想、现实及主体等内容。④ 但其中缺少从本体层面对审美理想内涵的深层次阐释，而要从本体层面进行深层次阐释就需要对审美理想与人的本质的关系进行考察。在这个问题上，冯契做了富有个性的阐发，

---

① 冯契. 冯契文集：第3卷［M］. 上海：华东师范大学出版社，2016：201.
② 同①，第202页。
③ 同①，第197页。
④ 关于审美理想，学界目前大致有以下四种典型观点。其一，审美理想是主体（个体或集体）从美的对象中选择出自己欣赏或最为欣赏的对象作为一种理想来追求，一般而言，指集体审美意识；其二，审美理想以社会实践为基础，是体现社会理想的审美经验的总结与自我实现欲望的升华，是对美的最高境界的向往与追求；其三，审美理想是人类在区分现实生活美与不美的基础上对未来的美好愿望和追求；其四，审美理想是主体对完整的、具体的至善至美的生活与人的感性形象。参阅：余华. 冯契的理想观研究［D］. 湘潭：湘潭大学，2009：62-63.

他认为审美理想是关于"人的本质力量的形象化的理想"。据此,冯契从审美理想与人的本质关系着手分析了审美理想的基础、特点及方式,比较全面地阐释了审美理想的丰富内涵。

第一,审美理想是对人及人的生活的反映,它的具体化是艺术美。冯契指出,艺术美作为艺术理想的现实,与真、善密切相关,与真理和道德评价密切联系。[①] 就美与真的关系而言,美具有真实性,[②] 表现在艺术美的形成、内容和形式等方面。在冯契看来,艺术美源于社会生活及人本身,不能脱离一定的物质媒介;在形式上,艺术美对声音、形体、色彩等自然属性有依赖关系;在内容上,艺术美无论是写景,还是抒情都需要反映生活的本质。就美与善的关系而言,艺术理想"在反映生活的真实本质的同时,总是反映一定社会集团的道德要求"[③]。在冯契看来,艺术家无论是选择形象,还是抒发情感,都包含道德评价;要使优秀的艺术作品感染人、激励人,就需要将道德理想和审美理想相统一。[④] 比如,在艺术家创造的艺术作品中,正面人物或人民的形象总是包含正面的道德上的肯定,而反面人物或敌人的形象则体现了道德上的否定。在此基础上,冯契指出,美以真、善为前提,是相互促进的,或者说,艺术理想与真、善不能分割。

第二,审美理想由艺术想象或形象思维构成,需要通过情、景体现。在冯契看来,形象思维或艺术想象不同于理论思维,这是由于理论思维或抽象思维主要通过概念、范畴掌握现实,要求主体尽可能排除主观情意的干扰;而通过艺术想象进行艺术创作的每一环节都离不开形象直觉和感情的注入。由此出发,冯契对审美理想中艺术想象及

---

① 冯契. 冯契文集:第 8 卷 [M]. 上海:华东师范大学出版社,2016:95.
② 真实性是指人的生活的本质、人的本质力量,有这样的本质力量,就能给人意境、给人性格,让生活逻辑通过艺术表现出来。参阅:冯契. 冯契文集:第 3 卷 [M]. 上海:华东师范大学出版社,2016:205.
③ 冯契. 冯契文集:第 3 卷 [M]. 上海:华东师范大学出版社,2016:205.
④ 有学者也从现实生活出发将道德理想和审美理想相统一,对二者关系进行了更深层次的阐发。该学者认为:道德理想和审美理想都客观地存在于人类生活中,它们的产生与发展都与人类生活密切相关,而且它们在逻辑上一致,都属于价值判断,对人的道德活动和审美活动及实践精神方式和艺术方式都具有指导和规定的作用。参阅:张国钧. 道德理想和审美理想 [J]. 兰州大学学报,1987(2):62-63.

艺术创作活动的特征进行了如下归纳。

其一，艺术想象是有与无、动与静的统一。冯契认为，艺术想象要通过情景交融体现理想，包括形象与超脱形象、感情与超脱感情的统一，以及尊重原型事实与高于原型事实的统一。比如，刘勰在《增订文心雕龙·神思》的文学艺术创作活动，就体现了感性对象与超越感性对象、精神与物象、有限与无限统一的形象思维，即"寂然凝虑，思接千载；悄焉动容，视通万里"①。

其二，艺术创作是一种个性化的精神生产。在冯契看来，与艺术创作相比，科学研究、物质生产主要是人们从实践经验中提炼科学理论，又运用科学理论指导生产劳动的活动；而艺术创作渗透着饱满丰富的感情色彩，要求体现人的个性。进一步来看，物质生产过程可划分为若干个阶段，并由不同的人来承担；但艺术家进行艺术创作则需要将理想和生活、构思和创作统一于具体的个人。可见，艺术创作必须将生活和理想、创作与构思统一于一身，因此，冯契指出"艺术理想的现实都是个性化的"②。

其三，在艺术创作中，"构思和表现、形式和内容是统一的"③。在冯契看来，就形式而言，每一种艺术创作都要凭借一定的物质媒介，以便使其内容取得形式。比如，文学、绘画、音乐和雕塑等艺术门类在其领域内都离不开一定的技巧和表现手段。就内容和形式的关系而言，冯契强调艺术创作应以内容为主，言和意应以意为主。比如，陆机、刘勰等强调艺术家要有意匠精神，即以意或以理想作为蓝图进行艺术形象的加工。因此，冯契强调在艺术创作活动中，构思与表现、形式与内容的统一必须作为审美逻辑贯穿于审美理想当中。

第三，审美理想的表现离不开形象结合的方式。在冯契看来，艺术形象要体现审美理想，就必须形成一个有机整体。这就涉及形象之间如何结合的问题。在这个问题上，中国哲学史上具有丰富的形象结

---

① 刘勰.神思［M］//增订文心雕龙校注.北京：中华书局，2000：369.
② 冯契.冯契文集：第3卷［M］.上海：华东师范大学出版社，2016：208.
③ 同②。

合方式，比如，赋（直陈其事）、比（比喻）、兴（起也），以及形象的对照、补充等。在此基础上，冯契指出，这些方式"把形象结合成一个有机整体来体现艺术理想"①。需要注意的是，艺术中的形象思维不同于理论思维，它主要是运用形象结合的方式来表现理想，而理论思维主要是逻辑论证。但形象思维和逻辑思维之间也存在共同之处，即都体现了时空形式和类、故、理的范畴，都体现了辩证法，如艺术理想中有无动静的统一、形式内容的统一、构思表现的统一等。在此基础上，冯契指出，人们通过形象结合的方式反映形象思维的矛盾运动，反映现实生活的本质和人的本质力量的矛盾运动，从而揭示现实的可能性，揭示生活的趋势，以形成审美理想，创造艺术作品。因此，冯契指出："艺术作品如果深刻地揭示了现实生活的逻辑，提供现实生活发展的趋势、可能性，那么这种作品就是富于智慧的，有助于对真理的认识。"②

三、审美理想的表现

在分析审美理想的基础、特点和方式的基础上，冯契从审美理想的内涵出发阐述了审美理想的表现形式。在他看来，审美理想在艺术作品中通过意境和典型性格两种形式来表现，而艺术主要是通过造型因素和表情因素的结合来呈现。冯契认为造型和表情这两个因素可以有所侧重，但不可分割，因此，他将审美理想的表现归纳为"偏重抒情的意境和偏重造型的典型性格"③。

第一，偏重抒情的意境。冯契认为，艺术意境是指"艺术家、诗人用灌注了感情的形象来表现人的本质力量"④。这是因为人的本质力量或人的德性往往表现为喜、怒、哀、乐等情感，而人性往往感于物而动，总要形于声、色等物的形象，故抒情总要寄托于形和声这些物的形象。由此，冯契指出，偏重抒情的艺术意境即中国古代的"言志

---

① 冯契. 冯契文集：第3卷［M］. 上海：华东师范大学出版社，2016：211.
② 同①，第212页.
③ 同②.
④ 同①，第213页.

说",主要表现在情和志、吟咏情性和抒发怀抱等方面。

就吟咏情性而言,艺术意境要求有风骨,侧重"气韵生动"和"骨法用笔"的结合,即内容和形式的结合。在系统考察魏晋六朝艺术作品的基础上,冯契以《增订文心雕龙校注》中的"风骨"为例对情志进行说明。① 刘勰在《增订文心雕龙校注·风骨》中指出"怊怅述情,必始乎风;沉吟铺辞,莫先于骨",而"练于骨者,析辞必精;深乎风者,述情必显"②。在这当中,情志如能合理表现,便是有"风",即艺术内容的感染力;"结言端直"是说作品只要具有坚强的内在结构就能形成"文骨",表现为气势、气韵。因此,冯契指出,刘勰的这一观点体现了气韵和骨法、内容和形式的统一。

就抒发怀抱而言,艺术意境还要有"兴寄",要以真、善为前提。在冯契看来,艺术作品要通过抒发对现实的赞美或批判,体现一定社会集团的道德理想。但对于艺术与道德的关系,在艺术史上儒、道有不同侧重。传统儒家"温柔敦厚"的诗教,主张诗要抒发怀抱,要有兴、观、群、怨的功能,这样才能体现人的德性。与儒家不同,司空图、严羽等道家学者的诗歌理论,注重体现形象思维的理性直觉,但是他们过度夸大了艺术理论,这就多少忽视了美与真、善的内在联系。在对比儒、道的基础上,冯契指出,美应以真、善为前提,艺术理想应与人生理想、道德理想相结合。故而艺术家要托物起兴、因物喻志,以使他的作品对认识、教化和移风易俗有积极作用。③

第二,偏重造型的典型性格。在冯契看来,艺术理想表现的具体化不仅在于言志,而且还"在于描写典型性格"④。典型性格主要通过描写动作、情节、场景来表现人物性格,灌注人物情感。与抒情作品偏重表情因素、注重书写意境不同;叙事作品偏重造型因素、注重塑造典型性格,也就是在情节发展中,通过人物之间的矛盾来塑造典型

---

① 冯契.冯契文集:第3卷[M].上海:华东师范大学出版社,2016:214-215.
② 刘勰.风骨[M]//增订文心雕龙校注.北京:中华书局,2000:388.
③ 同①,第216页。
④ 同①,第218页。

性格。由此，冯契指出，典型性格是一般与个别的统一，具有神形兼备的特点，这样生活逻辑才能在艺术作品中展开。

典型性格作为艺术理想的具体化，在中、西方艺术史上都有各自的特征。在分析考察中、西方艺术史的基础上，冯契归纳了中西方典型性格各自的特征。在他看来，西方人很早就开始写叙事诗、喜剧、悲剧，注重发展偏重造型因素的"模仿说"或"再现说"①，即典型性格；而中国人长期以来热衷于写诗，重视偏重表情因素的"言志说"和意境理论，直到在清初李渔、金圣叹的著作中，才有比较完整的小说和戏剧的理论，才有关于叙述作品结构怎样形成、怎么写典型性格的理论。在此基础上，冯契认为，中、西方艺术和美学传统差别显著，才导致了中、西方在艺术成就上各有千秋。比如，在人物画方面，西方人注重对人体解剖和色彩作科学研究，与重视神似而忽视形似的中国画相较，更加形神兼备。又如，在戏剧、小说方面，中国虽然发展较晚，但正因为继承了诗歌"抒情言志"的传统，将叙述和抒情、性格和意境巧妙融合，才更讲究意境，更富有抒情色彩。

面对近代文艺革命的问题，冯契赞同近代启蒙作家提出的"艺术要为人生"的观点。在近代艺术领域"古今中西"之争的问题上，冯契认为："艺术总是要求有民族特色，所以应当继承传统；但是同时也必须借鉴外国的东西来反映时代。"② 为此，冯契认为，艺术要反映复杂的现代社会生活，就要做到以下两个方面。一是要用活的语言、新的艺术手段创造新的艺术形式，如由文言文变为白话文，使电影、电视剧、话剧等外来体裁逐渐中国化；二是要创作新的时代的叙事作品。虽然随着商品经济的发展，叙事作品中牧歌式的诗情画意已逐渐淡化，但由于中国文化传统的深远影响，叙事作品中依旧可能带有丰富的抒情色彩。因此，叙事作品创作要更好地结合叙事和抒情，使意境具有现代气息。在此基础上，冯契指出，用艺术的手段改良人生要警惕

---

① 恩格斯在《致玛格丽特·哈克奈斯》中阐释"现实主义"概念时讲道："现实主义的意思是，除了细节的真实，还要真实地再现典型环境中的典型人物。"参阅：马克思，恩格斯. 马克思恩格斯全集：第37卷［M］. 北京：人民出版社，1971：41.

② 冯契. 冯契文集：第3卷［M］. 上海：华东师范大学出版社，2016：221.

"拜金主义",以及过度强调"文艺为政治服务"的观点。

总体来看,冯契认为,中国近代美学家做了很多开拓性的工作,取得了巨大的成就,但并未对中国美学传统进行很好的总结。比如,王国维、朱光潜、宗白华等借鉴西方的美学理论,对中国传统意境学说进行研究,并做出了新贡献。但近代美学理论似乎一讲"意境"就是"羚羊挂角"的传统,这是片面的。鲁迅已指出这一点,并发展了"典型性格学说",强调意境要继承"金刚怒目"式的传统。因此,冯契指出,现代的中国要以六朝到盛唐时期的艺术发展史为鉴,积极继承和发展美学理论,借鉴和创新艺术形式。

四、美的个性需要个性化的形象的滋养[①]

无论是偏重抒情的意境,还是偏重造型的典型性格,它们感染人、塑造人都离不开感性形象的个性化。冯契认为,审美理想化为现实就是凭借感性形象的个性化,使人在人化自然中直观人的本质力量,从而培育自由的美感、自由的德性。

第一,感性形象的个性化。冯契从社会实践出发,强调审美理想的实现要以感性形象为中介,并且强调这种感性形象是个性化的,体现了个性的自由。[②] 在他看来,"我"在性与天道的交互作用中,通过形形色色的感性活动把握天道、人道和认识过程之道,并在这种主、客体的交互作用中塑造自己的人格。同时,"我"的本性通过语言、动作和容貌来表现情、意,与客观事物及社会中的人进行沟通。因此,冯契指出,不只是"我"进行审美活动和艺术创作表现为个性化的感性形象,性与天道交互作用也不能脱离个性化的感性形象。

需要注意的是,这些感性形象是特殊的,人的情意也是特殊的。在冯契看来,这些感性形象虽然生动具体,但是从根本上是受特殊时空限制的零碎殊相。如何来超越这种限制?对此,冯契分析、比较了科学与艺术超越时空限制的方法。[③] 在他看来,科学的方法是从殊相中

---

① 冯契. 冯契文集:第 3 卷[M]. 上海:华东师范大学出版社,2016:225.
② 同①,第 223 页。
③ 同①,第 224 页。

概括共相，即从殊相把握共相，即类、规律的例子；而艺术则运用想象力，将殊相结合为个性揭示审美理想。由此可见，艺术运用想象力超越时空的限制主要是凭借感性形象个性化来实现的，也就是说，艺术意境和典型性格都是审美理想的个性化。进一步说，冯契指出，这些感性形象的个性化作为性与天道、人与自然交互作用的桥梁，还是人的本质力量的对象化与形象化。不过，这种自然的美化或现实的美化具有许多途径，是多层次的。① 比如，艺术家进行创作活动，都是对自然进行艺术加工，是纯粹的艺术创造；儒家的礼乐与礼教相联系，具有教化作用和功利性质，是人对社会生活的美化。因此，冯契强调，无论是现实的美化，还是自然的美化，它们都具有多种方式及不同层次，或多或少都是感性形象的个性化。

第二，美的个性。冯契从感性形象的个性化出发，强调培养美的个性，需要个性化的形象的滋养。② 这是由于审美理想的实现既是艺术作品的创造过程，也是人的本质力量对象化的过程。因此，冯契在阐释个性、现实的个性的基础上，强调美的个性的培养离不开感性形象个性化的滋养。

其一，个性是精神主体区别于其他物质的本质特征。在冯契看来，自然界的个性被视为类的分子、群体的细胞，但"只有人的精神才真正是个性的，或要求成为个性的"③。冯契进而指出，个性在人的活动、事业和交往关系中都要以感性形象为中介，并且感性形象的个性化又使人的德性具有了艺术的性质，使人的精神感到真正自由的愉快。因此，培养美的个性不能离开人的精神。

其二，现实中的个性与艺术作品中的个性是辩证统一的，都不能脱离感性形象。在冯契看来，艺术作品要书写个性与现实社会的人要求美的个性是不同的，但它们都统一于现实社会当中。具体而言，艺术离不开人和人的生活实际，要反映生活的真实，既要描写正面人物，也要描写反面人物；而将反面人物的性格生动描写出来，并赋予其艺

---

① 冯契. 冯契文集：第3卷［M］. 上海：华东师范大学出版社，2016：225.
② 同①.
③ 同①，第226页.

术的形式美，对艺术作品受众的个性发展是有益的。

其三，感性形象滋养美的个性，要防止实用主义、教条主义等错误偏向。冯契认为，在审美理想实现的过程中，通过感性形象滋养美的个性，需要防止两种错误偏向。一是实用主义，主要是指在审美理想实现活动中过度强调经济利益、个人利益，以及由此导致的利己主义、价值虚无主义。二是教条主义，主要是指在审美理想实现活动中，由于忽视感性形象的特殊性和人的个性，导致概念化地把艺术视为某种教义的图解，把人作为类的例子或群体的细胞。对此，冯契指出，教条主义、实用主义都会损害艺术、摧残个性，我们应努力使社会基础和上层建筑有机结合以适合艺术和个性的发展。①

第三，艺与道。冯契从美的个性的培养出发，认为"一切真正的艺术作品都是既个性化，又符合生活逻辑的"②。在冯契看来，艺术可以夸张、虚构，但是不能违背生活的逻辑。为此，冯契阐释了艺与道、艺术与哲理的关系。

就艺与道的关系而言，艺术主要凭借个性化的形象来揭示生活的逻辑。近代美学家宗白华曾讲"艺术之道"，他认为"道尤表象于艺，灿烂的'艺'赋予'道'以形象和生命，'道'给予'艺'以深度和灵魂"③。在冯契看来，宗白华所说的"道"虽有一种"泛神论"色彩，但"道"表现于艺术，体现了宇宙意识和自我内心节奏、艺术和意境的统一。需要注意的是，宗白华的"道"主要是庄禅之道，"艺"是司空图、严羽所讲的"超以象外，得其环中"的意境。因此，冯契认为宗白华之"道"在本质上忽视了艺术意境的多样性，导致了人生与现实的脱离。

冯契进而指出，艺术表现"道"的意境不只宗白华那种"羚羊挂角"的意境，还有"金刚怒目"的意境。在冯契看来，"金刚怒目"的意境主要在于哲理和意境的统一，它要求诗和艺术要把握时代精神，反映现实生活的逻辑，主要在于通过艺术作品反映社会矛盾，如杜甫

---

① 冯契. 冯契文集：第3卷［M］. 上海：华东师范大学出版社，2016：226-227.
② 同①，第227-228页。
③ 宗白华. 美学散步［M］. 上海：上海人民出版社，1981：68.

的诗就非常丰富多样,构成了唐王朝的时代巨幅画卷。在此基础上,冯契认为,艺术要体现"道"、体现生活的逻辑,但实际上"'金刚怒目'的传统比'羚羊挂角'的传统更为重要"[1]。这种有关艺术意境的认识体现了冯契巨大的社会历史感和现实关怀,具有同时代其他哲人所不具备的理论深度和广度。[2]

总之,本章从德性培养角度出发研究理论如何化为德性,阐述了在人生理想、道德理想和审美理想的实现活动中,如何使自由的智慧、自由的德行和自由的美感获得发展,以使人具有自由的德性,达到真、善、美统一的理想境界。从冯契伦理思想的整体来看,本章与冯契的道德本质思想和道德规范思想共同构成了逻辑自恰、内容完整、切实有效的有机整体,彰显了冯契将理论、规范和实践紧密结合的智慧。

---

[1] 冯契. 冯契文集: 第3卷 [M]. 上海: 华东师范大学出版社, 2016: 229.
[2] 吴根友, 王博. 试论冯契的"境界论"思想: 兼与王国维"境界论"之比较 [J]. 华东师范大学学报(哲学社会科学版), 2016 (3): 130.

第五章
冯契伦理思想的理论特征和当代价值

如何从总体上全面而准确地评价冯契伦理思想，是一个非常艰难的问题。这不仅因为冯契伦理思想本身之繁复，涉及领域之广，也因为现当代伦理思想内容丰富、流派众多。本章试图在前面几章所作阐述的基础上，从整体上对冯契伦理思想的理论特征进行归纳，进而阐释冯契伦理思想在马克思主义伦理思想中国化及中国传统伦理思想转化和发展中的贡献，并就冯契伦理思想对当代伦理思想发展的启示进行总结。

第一节 冯契伦理思想的理论特征

研究冯契伦理思想，需要从总体上把握冯契伦理思想的理论特征。这既是系统掌握冯契伦理思想基本内容不可或缺的环节，也是科学评价冯契伦理思想当代价值必不可少的条件。本节主要是从冯契伦理思想的基本内容出发对其进行概括总结，并将冯契伦理思想与其他相关伦理思想进行比较，进而提炼其理论特征。

一、实践性

实践性主要是指冯契从社会实践着手研究理论、方法和德性的关系，并从道德生活着手阐释道德本质、道德规范和道德实现等内容，表现在冯契伦理思想的理论形成、核心问题、主要方法和基本内容等方面。

从冯契伦理思想的理论形成来看，冯契始终"沿着实践的唯物主

义辩证法的路子前进"①。早在1947年,冯契便运用实践观点批判全盘西化论和中国本位论②。之后又从社会存在着手批判自由主义的本质和方向,并阐述社会性和个性、集体和个体的关系。1955年,冯契提出"化理论为方法"和"化理论为德性"的主张,重在强调将马、恩、列、斯等经典著作的基本原理与实践相结合,从而使理论不仅成为人们处理社会伦理关系的工具,还要内化为人们的政治素养。改革开放后,冯契立足社会实践,运用实践唯物主义辩证法长期考察哲学史与哲学、理论与德性、理论与方法的关系,从而形成了理论、规范和实践紧密结合的伦理思想体系。

从冯契伦理思想关注的核心问题来看,"化理论为德性"旨在指导人生,使人更好地认识自我、发展自我。在《〈智慧说三篇〉导论》中,冯契指出"化理论为德性"是从现实生活中汲取理想,又使理想化为现实。这个过程同时也是价值创造活动和德性培养活动。"化"则重在强调这一命题的实践指向。总之,人们要用科学的理论来指导人生,培养自由的德性。

从冯契伦理思想运用的主要方法来看,冯契伦理思想包含着反映客观事物辩证运动的认识辩证法。冯契指出,认识辩证法是对客观事物及其规律的自觉反映。这种"自觉反映"表现为一个过程,即"客观世界的规律反映到人的头脑里取得了概念的形式,人就可以转过来用以指导革命实践。"③ 由此可知,认识辩证法是以客观现实之道还治客观现实之身的过程,它体现在冯契伦理思想的各个方面。比如,冯契在阐述人生理想时便将理论转化为方法,他认为人生理想是以社会历史发展规律和人性发展规律的真理性认识为基础的,而人生理想的实现也就是将真理性认识应用到人们改变世界和发展自我的实践活动中。这就体现了从现实到理论,又从理论到现实的认识辩证法。

从冯契伦理思想的基本内容来看,实践的观点贯穿于化理论为德性的各个环节,涉及道德本质、道德规范及道德实现等各个部分。其

---

① 冯契. 冯契文集:第1卷 [M]. 上海:华东师范大学出版社,2016:11.
② 冯契. 冯契文集:第10卷 [M]. 上海:华东师范大学出版社,2016:59.
③ 冯契. 冯契文集:第2卷 [M]. 上海:华东师范大学出版社,2016:13.

一，就道德本质而言，冯契认为道德是社会实践的产物，是反映社会关系准则的道德规范和体现人性发展规律的实践精神。其二，就道德规范而言，冯契从道德生活出发研究道德规范。比如，他在阐释道德规范的依据时，强调道德规范通过道德行为来调节社会关系，要以社会发展规律和人性发展要求为依据，这是道德规范合理性的前提。其三，就道德实现而言，冯契强调理想就是以得自现实之道还治现实，在这个过程中，自由的德性或自由的人格就发展起来了。比如，冯契在阐述理想人格的培养时，强调实践和教育相结合是培养理想人格的根本途径，即"主体在改造环境中把人性对象化了，人就由自在而自为，这就是在实践中受教育"①。

上述说明，冯契伦理思想的形成过程、核心问题、主要方法和基本内容都包含着马克思主义社会实践的观点，这就表明冯契研究道德问题是以社会实践为基础的。与冯契不同，自由主义西化派的主要代表人物胡适在研究道德问题时就采取了不同的进路。胡适在全面批判中国传统伦理思想的基础上，依据杜威实用主义和工具主义的理论，主张通过生存竞争与应对环境的理论研究道德问题。他的主要观点包括以下两个方面。一方面，主张实用主义的道德观，强调人的目的就是快乐幸福，而道德就是实现人之目的的手段与工具，即"道德本可当作一种信仰，一种趣味，一种美感"②。另一方面，主张健全的个人主义或真实为我的个人主义，认为人应对自己独立的思想和信仰负完全责任。总体上看，胡适的实用主义道德观推动了新文化运动的发展，清除了中国古代道德的部分消极因素。不过，他注重阐释道德的工具价值，较少谈及道德的内在价值，存在着将道德的内在价值和外在价值、手段和目的相分离的倾向。同时，他还强调个人的无上价值，忽视社会的存在价值，包含着将个人与社会相分离的趋向。

与胡适的实用主义道德观相比，冯契从社会实践的角度出发阐释目的和手段、集体和个人的关系。对于道德作为目的与道德作为手段

---

① 冯契. 冯契文集：第3卷［M］. 上海：华东师范大学出版社，2016：247.
② 胡适. 论贞操问题［M］//胡适文集：第1卷. 北京：北京大学出版社，1998：513.

的关系，冯契认为，道德作为社会实践的产物，在增进社会利益和人民利益的过程中具有手段的意义，"但它们不仅是手段，也是目的，因而有内在价值"①。也就是说，道德作为目的和道德、作为手段是辩证统一的。对于集体和个人的关系，冯契从集体主义原则出发认为人是社会中的人，强调个体与集体、个人利益与集体利益的结合，并强调个性的自由只有在"自由人格的联合体"中才能实现。以上这些，都充分展现了冯契伦理思想的实践性。可以发现，正是冯契将问题与现实、方法与现实、理论和实践紧密结合，才使其伦理思想呈现出鲜明的实践性。

二、民族性

民族性是指冯契伦理思想是以中国传统伦理思想为底蕴和基因所体现出的民族特色或民族传统。中国传统伦理思想是冯契伦理思想的主要渊源之一，其中的价值学说、自由学说及理想学说等内容在冯契伦理思想的形成和发展中具有重要影响。

从冯契伦理思想的形成来看，冯契在1944年完成的毕业论文《智慧》中在分析知识和智慧的关系时，便涉及中国传统道德修养和人格的学说。在1957年北大召开的"中国哲学史讨论会"上，冯契提出"哲学是哲学史的总结，哲学史是哲学的展开"的观点，强调在研究哲学中要贯彻逻辑和历史相一致的原则。②改革开放后，冯契用了近十年的时间研究中国传统哲学，系统考察了中国传统的价值观、自由、理想人格等内容，并使之融入其伦理思想当中。从冯契伦理思想的整体来看，其中包含"性与天道""义利之辩""德性之知""习与性成""庖丁解牛""理欲之辩"等众多中国传统伦理范畴。因此，冯契伦理思想不仅以马克思主义伦理思想为指引，还以中国传统伦理思想为依据，具有深厚的民族传统。具体如下。

第一，在考察分析中国古代价值观和自由问题的基础上，冯契强

---

① 冯契.冯契文集：第9卷[M].上海：华东师范大学出版社，2016：394.
② 林在勇.冯契学述[M].杭州：浙江人民出版社，1999：267.

调道德行为要建立在自觉自愿的基础上。在《中国古代哲学的逻辑发展》中,冯契着重考察了价值观和人的自由学说。在他看来,相比西方对自愿原则和自由意志的考察,"中国以儒家为主体的传统伦理学说则着重考察了道德行为的自觉原则,强调道德行为与理性认识的关系,并热衷于讨论道德教育与修养方法的问题"[①]。比如,冯契在分析儒家的道德行为时,指出先秦儒家,如孔子、孟子、荀子都注重理智和意志、自觉和自愿的结合,但比较侧重的是自觉原则,较少提及自愿原则。在系统考察中国古代道德行为学说的基础上,冯契将中国古代自觉原则与西方意志自由学说相结合,强调合乎道德规范的行为既是以理性认识为根据的自觉行为,也是出于意志自由的自愿行为。[②]

第二,在考察分析中国近代自由学说和理想学说的基础上,冯契完善了道德行为的学说,提出了平民化的自由人格。在《中国近代哲学的革命进程》中,冯契指出:"人的自由问题包括两方面,即怎样来建立人类的理想的'自由王国',怎样来培养理想的自由人格?"[③] 面对这一问题,冯契参照西方自由学说,阐述了中国近代自由学说和理想人格学说的演变规律。其一,中国近代在自由问题上形成了唯意志论传统,如龚自珍、谭嗣同、章太炎等进步思想家普遍重视意志自由,强调发挥意志的力量。其二,中国近代在理想人格问题上普遍反对古代的圣贤人格,主张人应依据自身的才能来塑造自己的人格,比如,龚自珍的"不拘一格降人才"、梁启超的《新民说》等近代理想学说。在此基础上,冯契指出,道德行为要秉持自觉自愿相统一的原则以防止唯意志论和理性专制主义的倾向,并强调理想人格的塑造要从人的多样化需要出发。

综上所述,冯契在解决理智和情感、知识与智慧等现代道德问题上注重挖掘中国传统伦理思想资源。与冯契不同,金岳霖面对理智与情感、感性与理性的问题,主要是从"实在论"着手阐述。他在区分"知识论的态度"和"元学的态度"的基础上,提出"知识论的裁判

---

① 冯契. 冯契文集:第1卷[M]. 上海:华东师范大学出版社,2016:26.
② 冯契. 冯契文集:第4卷[M]. 上海:华东师范大学出版社,2016:41.
③ 冯契. 冯契文集:第7卷[M]. 上海:华东师范大学出版社,2016:20.

者是理智，而元学的裁判者是整个的人"的观点。① 显然，金岳霖的区分阐释了情感和理智的关系，提出了理想人格的问题，但他对知识与元学、理智和情感的区分存在着将感性与理性相分离的倾向。而冯契在运用唯物辩证法系统考察中国传统价值学说和自由学说的基础上，提出"道德行为要以自觉自愿为基础"的观点，强调"道德行为原则的建立要防止理性专制主义和唯意志论"。这就从根本上解决了理智与情感的关系问题，并通过道德行为将感性与理性、情感与意志统一起来。

总体来看，冯契伦理思想与中国传统伦理思想呈现为双向互动的形式。一方面，中国传统伦理思想在冯契伦理思想中得以改造和提升；另一方面，中国传统伦理思想又赋予冯契伦理思想以中国的民族传统和表现形式。简言之，冯契伦理思想具有深厚的民族传统，呈现出鲜明的民族性。

三、过程性

过程性是指冯契伦理思想中贯穿的过程思想，主要在于冯契将人与自然、自我存在与本质、认识世界与认识自我的关系视为动态的发展过程。从过程思想的历史形成来看，自古希腊赫拉克利特提出"永恒的活火"，以及与之几乎同时代提出"道"的老子开始，哲学史的发展就贯穿着过程思想。比如，马克思主义提出的过程思想，英国哲学家阿弗烈·诺夫·怀特海提出的过程哲学，② 中国传统的知行合一、成人之道、习与性等命题也都包含过程思想。

冯契作为融合中西方哲学的中国现当代哲学家，在探索智慧中频繁使用"过程"一词。在《智慧说三篇》文本中，"自然过程""发展过程""认识过程""过程中"等短语较为集中出现，"理想展现为过

---

① 金岳霖. 论道［M］//金岳霖全集：第2卷. 北京：人民出版社，2013：21.
② 有学者指出："几乎所有过程思想家都对中国和中国文化有一种天然的亲近。怀特海曾明确声称，与其他西方思想相比，他的过程哲学更贴近东方，特别是中国人的思维，因为中国思维本质上是关系的和过程的。"参阅：王治河. 过程哲学：一个有待发掘的思想宝库［J］. 求是学刊，2007（4）：5-6.

程""真理是个过程"等命题比较突出。这是由于冯契主要用认识论和本体论统一的方法研究智慧问题,并强调人类活动的目的与人类活动过程的统一。由此可知,智慧就在于"把人和自然、存在和本质、认识世界和认识自我,了解为动态的过程"①。由此可见,冯契的伦理智慧中存在着丰富的过程思想。

第一,从人和自然的结合来看,过程就是"以得自现实之道还治现实"②。在研究认识世界与认识自己关系的过程中,冯契强调认识和实践、性和天道的统一,并提出了"以得自现实之道还治现实"的观点。这一观点的基本内容是:人通过意识在实践活动中掌握现实之道,并意识到"我"是意识的主体,进而逐步认识自己的存在及本质。简言之,在实践基础上认识运动就表现为认识世界和认识自己交互作用的过程,即现实之道和心性交互作用的过程。在冯契伦理思想中,"以得自现实之道还治现实"就是从现实生活中孕育理想,又通过理想指导人生,成为现实,在这个过程中主体要求成为自由人格。比如,冯契在分析自由问题时指出,人类在化自在之物为为我之物的实践活动中化理想为现实,实现了人的自由,同时在这个过程中培养了自由的德性,塑造了真、善、美统一的自由人格。

第二,从存在和本质的结合来看,"认识自我,发展自我也是个过程"③。冯契指出,自我首先是在实践中同周围环境进行物质变换的实践主体或实在主体,但自我不仅是个实在个体,还具有自我意识。因此,"对自我的认识要求把……存在和本质统一起来,才能达到'自知者明'"④。在人和自然、性与天道交互作用的实践活动中,人类通过认识和运用客观规律来塑造人性与自我,反之已经形成的自我又在自然上打上个性的烙印,使自然人道化。从历史发展来看,"发展自我"在实践活动中是一个由自在到自为、由低级到高级的发展过程。因此,主体在实践活动中由自在而自为、化理想为现实、化天性为德性都是

---

① 冯契.冯契文集:第3卷 [M].上海:华东师范大学出版社,2016:278.
② 冯契.冯契文集:第1卷 [M].上海:华东师范大学出版社,2016:27.
③ 同①,第155页。
④ 同①,第148页。

运动的过程，即认识自我、发展自我是个过程。

第三，从认识世界和认识自我的结合来看，个性解放和大同团结统一的"理想展现为过程"①，并且"人的'善'的品质是一个发育过程"②。从社会层面来看，冯契认为，真正科学的社会理想要以合乎社会历史发展规律和人性发展规律的真理性认识为依据，如个性解放和大同、团结、统一的社会理想便以真理性认识为前提，具有真的价值。需要注意的是，人们认识并运用真理是一个过程，真理包含的社会和人性也是一个发展过程，故而社会理想展现为过程。从个体层面来看，道德品质在每个人以及同一个人的不同阶段上有层次的差别，人的道德境界具有高下之分，所以人的"善"的品质是一个发育的过程。冯契指出，虽然人与人的道德品质在层次上有差别，但经过实践和教育，人的道德品质和道德境界都能由一个较低的境界发展到较高的境界。

以上这些都充分展现了冯契伦理思想的过程性。可以发现，正是在人和自然中坚持以"得自现实之道还治现实"，在改造世界和发展自我中坚持存在和本质的统一，在认识世界和认识自我中坚持个性解放和大同团结的统一，冯契的伦理思想才富有过程性。

四、包容性

包容性是指冯契在运用唯物辩证法解决"化理论为德性"的问题中，汲取其他非马克思主义学派的合理因素，并站在认识发展的高级阶段会通"古今中西"的伦理思想。具体而言，冯契伦理思想的包容性主要体现在以下三个方面。

第一，运用马克思主义研究伦理问题，要"吸取各种哲学派别包括非马克思主义学派的一些合理因素"③。冯契认为，要解决知识和智慧的关系问题，就要沿着实践唯物主义辩证法的道路前进，并正确处理好马克思主义与其他非马克思主义思想之间的关系。知识与智慧的关系问题是冯契"智慧说"哲学体系的核心问题，在伦理学领域就体

---

① 冯契. 冯契文集：第3卷［M］. 上海：华东师范大学出版社，2016：144.
② 同①，第191页.
③ 冯契. 冯契文集：第1卷［M］. 上海：华东师范大学出版社，2016：10.

现为理论和德性的关系问题。在解决理论和德性关系的问题时，冯契自觉以马克思主义为指导，吸收借鉴非马克思主义的合理因素。比如，冯契在阐释如何改变世界和发展自我的问题时，主张改变世界和发展自我的活动要以实践为标准，在综合分析西方伦理思想传统、形式逻辑和实验科学方法对西方处理天人关系影响的基础上，提出只有坚持智慧的具体性即存在和本质的统一，才能使人更好地改造世界、发展自我。

第二，"从比较哲学看中国传统哲学的特点"①。冯契从比较哲学视角出发，强调研究哲学只有对哲学本身进行矛盾分析和对比时，才能在不同哲学体系之间进行类比，才能揭示所考察哲学体系的矛盾。②由此出发，冯契在研究伦理问题时常常运用比较法去分析中国传统伦理思想史与西方伦理思想史，以及中国伦理思想史的内在矛盾。比如，冯契在分析审美理想的表现形式时，既对中国意境论和西方典型性格的特点进行了比较，也对中国意境论不同阶段的特点进行了比较。

第三，"站在认识发展的高级阶段回顾历史"③。冯契主张站在认识发展的高级阶段回顾历史，提出要对历史遗产进行批判总结的观点。④ 在他看来，从发展高级阶段对历史遗产进行批判地总结，关键是要坚持辩证唯物主义的立场、观点和方法。比如，冯契在研究道德行为中理性自觉与意志自愿的关系问题时，首先概括总结了中国理性自觉的传统和西方意志自由的传统，进而运用马克思主义有关人的全面发展的思想分析了中西方不同思想传统的形成原因、基本内容和历史规律，最后得出真正自由的道德行为就是自觉自愿的行为的论断。

总体而言，冯契伦理思想从社会实践着手研究道德本质、道德规范和道德实现，从中国传统伦理思想着手研究价值观、人的自由和道

---

① 冯契. 冯契文集：第1卷 [M]. 上海：华东师范大学出版社，2016：18.
② 冯契. 冯契文集：第4卷 [M]. 上海：华东师范大学出版社，2016：16-17.
③ 同②，第22页.
④ 冯契这一观点是对毛泽东关于历史遗产观点的发挥。毛泽东认为："学习我们的历史遗产，用马克思主义的方法给以批判的总结，是我们学习的另一任务。……从孔夫子到孙中山，我们应当给以总结，承继这一份珍贵的遗产。"参阅：毛泽东. 毛泽东选集：第2卷 [M]. 北京：人民出版社，1991：533-534.

德行为，从过程思想出发阐述人和自然、存在和本质、认识世界和认识自己的关系，从唯物辩证法出发比较分析中西方伦理思想，体现出鲜明的实践性、民族性、过程性和包容性。

第二节　冯契伦理思想的贡献

在归纳冯契伦理思想理论特征的基础上，本节将从马克思主义伦理思想及中国传统伦理思想的角度出发，在分析冯契对已有伦理思想继承发展的基础上，阐述冯契伦理思想对马克思主义伦理思想中国化及中国传统伦理思想转化和发展的重要贡献。

一、对马克思主义伦理思想中国化的贡献

自从马克思主义伦理思想传入中国，便为推进其中国化而不断努力并取得了积极成果。冯契作为其中的杰出代表，他的伦理思想在马克思主义道德本质学说、道德原则学说及理想学说等内容的中国化方面做出了重要贡献，从而推进了马克思主义伦理思想中国化的进程。

第一，进一步丰富和发展了马克思主义道德本质学说。马克思主义道德本质思想主要是从社会存在出发阐释道德本质，主张道德不仅是社会实践的产物，还是一种特殊的规范及实践精神。由此出发，冯契在已有中国化马克思主义伦理思想的基础上，从人的本质角度出发丰富和发展了马克思主义道德本质学说。

在冯契之前，推进马克思主义伦理思想中国化的思想家主要有李大钊、毛泽东等人。李大钊运用唯物史观分析道德问题，提出了"四个疑问"[①]，主张道德作为社会关系的反映，能够维护其所产生的经济基础。他认为："人类社会生产关系的总和，构成社会经济的构造。""一切社会上政治的，法制的，伦理的，哲学的，简单说，凡是精神上

---

① "四个疑问"具体如下："第一问，道德是什（甚）么东西？"；"第二问，道德内容是永久不变的，还是常常变化的？"；"第三问，道德有没有新旧？"；"第四问，道德与物质是怎样的关系？"。参阅：李大钊．李大钊全集：第2卷［M］．北京：人民出版社，2006：101．

的构造,都是随着经济的构造变化而变化。"① 毛泽东则从社会生活的角度出发,指出道德是对"人们经济生活与其他社会生活的要求的反映",而且"不同的阶级有不同的道德观"②。

与李大钊、毛泽东等人不同,冯契对马克思主义道德本质问题的研究虽然仍从社会实践出发,但他开始从认识论、本体论以及价值论等更多方面展开探讨。就道德起源而言,冯契仍坚持道德是社会实践的产物,他的创见在于将社会实践视为认识发展的过程,人的精神由自在而自为的过程及价值创造的过程。与李大钊主要从社会经济基础角度探讨道德起源不同,冯契对道德起源的研究由社会经济基础层面延展到认识论、本体论及价值论等哲学层面。就道德与社会关系准则的关系而言,冯契肯定道德本质上是对社会关系准则的反映,但他明确提出不能将阶级性与道德等同。冯契认为:"在阶级社会中,人们的意识的阶级性是不能忽视的,但这不等于说阶级对立包含了一切关系,更不等于说阶级性即人性,不能以阶级意识来代替群体意识。"③ 在冯契看来,社会关系多种多样,不只有阶级性,还包括国家、家庭等。他进一步指出:"社会关系虽然有必然的一面,但同时也体现了人的自由的本质。"④ 可见,道德作为反映社会关系的准则,不仅是阶级社会的阶级关系的反映,也是人在本质上对自由的要求。因此,冯契在李大钊、毛泽东等人的基础上,进一步推进了马克思主义道德本质学说中国化的进程,为学界推进道德本质问题的研究提供了借鉴和参考。

第二,丰富和发展了马克思主义道德原则学说。马克思主义道德原则学说注重集体主义,强调集体和个体统一、功利和道德的统一。据此,冯契在已有中国化马克思主义道德原则学说的基础上,结合中国传统伦理思想资源,丰富和发展了马克思主义道德原则学说。

在冯契之前,毛泽东曾阐述马克思主义道德原则,主张共产党人

---

① 李大钊. 李大钊全集:第3卷 [M]. 北京:人民出版社,2006:27.
② 毛泽东. 毛泽东文集:第2卷 [M]. 北京:人民出版社,1996:84.
③ 冯契. 冯契文集:第3卷 [M]. 上海:华东师范大学出版社,2016:46.
④ 同③,第35页。

应坚持以人民利益为基础的革命的功利主义。① 毛泽东认为，革命的功利主义是建立在人民利益基础之上的，它是革命利益和道德的统一。"共产党员无论何时何地都不应以个人利益放在第一位，而应以个人利益服从于民族和人民群众的利益。"② 由此可见，毛泽东认为无产阶级的革命功利主义者应把个人利益与集体利益、广大群众的目前利益和未来利益相统一。或者说，革命的功利主义者应通过无产阶级的集体努力实现个人的利益与解放。总体来看，毛泽东的革命功利主义观和群众观点都包含创造性的见解，但在现实中存在过度强调集体、集体利益优先的偏向。这在当时的历史条件下有一定的合理性，但理论上或多或少忽视了个性的自由。

与毛泽东相比，冯契在道德和利益、集体和个体的关系问题上提出了一些新的见解。就道德和利益的关系而言，冯契仍坚持功利和道德的辩证统一，肯定人的利益的正当性，他的创见在于强调建立价值体系要坚持人民利益的大众化导向。需要注意的是，与毛泽东将道德价值定位为革命功利主义不同，冯契认为功利和真、善、美是相互联系的，都具有价值意义，并且"合理的价值体系所要达到的，就是基于人民大众的利益又合乎人性自由发展的真、善、美统一的理想境界"③。就群体和个体的关系而言，冯契在系统考察中国传统群己关系合理因素和经验教训的基础上，一方面，主张在群己关系中要坚持群体和个体的辩证统一原则，同时又要尊重人的个性、人的目的；另一方面，强调重视人的个性，主张只有在"自由人格的联合体"中，人的个性才能自由发展，这避免了对群体原则的忽视。因此，冯契的"道德原则学说"在毛泽东道德原则思想的基础上，进一步推进了马克思主义道德原则学说中国化的进程。

第三，丰富和发展了马克思主义理想学说。马克思主义理想学说

---

① 毛泽东在深刻批判超阶级的功利主义的基础上，提出革命的功利主义，他认为："世界上没有什么超功利主义，在阶级社会里，不是这一阶级的功利主义，就是那一阶级的功利主义。"参阅：毛泽东. 毛泽东选集：第3卷［M］. 北京：人民出版社，1991：864.
② 毛泽东. 毛泽东选集：第2卷［M］. 北京：人民出版社，1991：522.
③ 冯契. 冯契文集：第3卷［M］. 上海：华东师范大学出版社，2016：102.

主要是人的自由全面发展的理论及自由王国的理论。由此出发,冯契在继承前人"理想学说"的基础上,提出了"平民化的自由人格""个性解放和大同团结的社会理想"等观点,丰富和发展了马克思主义道德理想学说。

在冯契之前,李大钊、毛泽东等人都曾就理想问题展开讨论。李大钊在结合马克思主义理想学说与中国传统理想学说的基础上,提出了"物心两面、灵肉一致"的自我改造论和社会理想观。具体而言,李大钊认为经济基础决定伦理道德等精神现象,而道德作为精神现象又具有能动作用。由此,物质与精神、灵与肉的改造必须同时开展并全部完成,这样新的道德才能形成。在此基础上,李大钊提出个性解放和大同团结统一的社会理想观及革命人生观,强调新的世界既要有个性解放也要有大同团结,而新的人生要出于自由意志,即"自由的事,主之在我"①。此后,毛泽东也提出了培养共产主义新人的学说,主要包括以下两点。其一,共产党人首先是做理论和实践统一、理想和现实统一的马克思主义者;其二,共产党人应当努力与人民相结合,并且他的言行要合乎广大人民的利益,这样才能"在人民中间生根、开花"②。

与李大钊、毛泽东等人相比,冯契在汲取他们思想合理因素的基础上,结合中国传统理想学说,提出了一些新的见解。在理想人格方面,冯契提出了平民化的自由人格,这样的人格要求尊重人的个性,并以真、善、美的统一为理想境界。显然,平民化的自由人格包含李大钊所说的"物心两面、灵肉一致"的内容,也包含毛泽东所强调的理想和现实相统一及群众观点。需要注意的是,冯契所讲的"平民化的自由人格"是依据合理的价值体系原则所提出的,它以自由劳动为基石,以真、善、美的统一为理想境界,旨在促进人的本质力量全面发展,这就与李大钊、毛泽东等人的"理想人格学说"有了显著的不同。在社会理想方面,冯契提出了个性解放和大同团结、社会主义和

---

① 李大钊. 李大钊全集:第4卷[M]. 北京:人民出版社,2006:119.
② 毛泽东. 毛泽东选集:第4卷[M]. 北京:人民出版社,1991:1162.

人道主义相统一的社会理想。这一理想直接源于李大钊的社会理想观。与李大钊社会理想不同之处在于,冯契指出个性解放和大同团结的社会理想是经过科学论证的,即"建立在对历史发展规律和人性发展要求的真理性认识的基础上的社会理想"①。因此,冯契的"理想学说"在李大钊、毛泽东等人的基础上,进一步推进了马克思主义理想学说中国化的进程。

上述内容都充分展现了冯契伦理思想对马克思主义伦理思想的丰富和发展。可以发现,正是在道德本质研究中运用认识论、本体论和价值论相结合的方法,在道德原则中贯彻真、善、美统一的价值导向,在道德理想研究中强调人道主义和社会主义的统一,冯契才在李大钊、毛泽东等前人的基础上推进了马克思主义伦理思想中国化的进程。

二、对中国传统伦理思想转化和发展的贡献

冯契伦理思想不仅推进了马克思主义伦理思想中国化的进程,而且促进了中国传统伦理思想的发展进程。冯契在对中国传统伦理思想概括总结和批判清理的基础上,使其合理因素和经验教训融入自身的伦理思想,从而推进了中国传统伦理思想转化和发展。为此,我们将阐述冯契对中国传统伦理思想积极成果的概括和总结,以及对中国传统伦理思想消极因素的批判和清理,从而明晰冯契伦理思想对中国传统伦理思想转化和发展的贡献。

第一,对中国传统伦理思想积极成果的概括总结。在这方面,冯契沿着实践唯物主义辩证法的路子,对先秦伦理思想、秦汉至清代(鸦片战争)伦理思想及近代伦理思想的积极成果分别进行了系统的概括和总结。

其一,对先秦伦理思想积极成果的概括和总结。冯契认为,先秦时期,中国古代先贤在人道观方面提出了一些合理见解,主要体现在历史演化过程和人的自由等方面。② 在历史演化方面,儒家、法家和

---

① 冯契. 冯契文集:第3卷[M]. 上海:华东师范大学出版社,2016:144.
② 冯契. 冯契文集:第4卷[M]. 上海:华东师范大学出版社,2016:324.

《易传》中已经包含对有关历史演化过程的思想,如荀子凭借"明分使群"对国家制度和道德起源的阐述。在人的自由方面,儒家和墨家提出的人道原则,道家提出的自然原则,以及孔子、孟子、荀子对伦理学上自觉原则的重视,都对后来的中华传统文化产生了巨大影响。

其二,对秦汉至明清(鸦片战争)伦理思想积极成果的概括和总结。冯契指出,这一时期在人的自由和人道观方面都有丰富的合理因素。[①] 在人的自由方面,这个时期进步思想家都在"一定程度上触及了人类从'自在'到'自为'、从必然王国进入自由王国的飞跃问题"[②]。如王夫之提出的从"天之天"不断转化为"人之天"的观点。在人道观方面,这个时期进步思想家的人道观主要包括以下两点。一是他们在社会发展上都肯定了历史演变有其必然趋势的观点,如王夫之"理势合一"的历史观;二是他们在人格培育上进一步阐述了伦理学上自觉原则和自愿原则相结合的思想。

其三,对近代伦理思想积极成果的概括总结。在冯契看来,近代进步思想价值在伦理学领域的积极成果可以概括为以下三个方面[③]。在价值观方面,他们提出了新的社会理想,以及强调个性解放的人生理想,如李大钊提出的科学社会主义和人道主义。在义利关系方面,他们强调个性解放,肯定人的利益,如马克思主义者提出的革命功利主义。在理智和意志的关系方面,他们都肯定每个人有独立人格,都强调意志自由,如龚自珍的"心力"。

第二,冯契对中国传统伦理思想消极因素的批判和清理。在批判中国传统伦理思想消极因素的基础上,冯契总结了中国传统伦理思想中的不足以及由此带来的理论思维教训。

其一,中国古代伦理思想的不足之处和理论思维教训。冯契指出,从中国古代哲学的整体来看,"每个学派、每个哲学体系都提供了理论思维的教训"[④]。他认为,中国古代伦理思想在价值观和人的自由问题

---

① 冯契. 冯契文集:第6卷 [M]. 上海:华东师范大学出版社,2016:363-366.
② 同①,第363-364页.
③ 冯契. 冯契文集:第8卷 [M]. 上海:华东师范大学出版社,2016:320-329.
④ 同①,第367页.

上的缺点使得中国古代伦理思想有其不足之处。其中比较明显的缺点主要包括以下方面：在人道观上，古代正统儒家强调人的社会本质，忽视了自我存在和个性自由；在人性论上，古代正统儒家提倡人的自由在于复性及顺命，造成了"宿命论"和理性专制主义的流行；在自由问题上，古代正统儒家重视"天理""名教"，强调道德行为的自觉，或多或少忽视了意志自愿。因此，冯契指出，中国古代伦理思想总体上至少包含三个理论思维教训。一是要真正克服"宿命论"和理性专制主义，离不开科学理论的指导；二是要重视道德行为与人的精神的关系；三是防止存在与本质的分离。

其二，中国近代伦理思想的缺点和理论思维教训。冯契从社会实践出发指出，中国近代哲学家在解决"古今中西"之争时存在的缺点，导致中国近代哲学革命的理论成果存在诸多不足。具体而言，在"中西"关系上，近代诸多思想家在吸取西方思想时带有急功近利的倾向；在"古今"关系上，近代先进思想家为打破封建传统对人的束缚，或猛烈批判传统文化，或一味肯定传统文化，这就表明他们对中国传统文化及现实影响缺乏深入具体的分析。这些缺点带来的消极影响至少包含以下三个理论思维教训。

一是真正克服"天命论"和"经学独断论"绝非易事。冯契指出，长期以来，封建专制统治者打着"礼教""天命"的招牌教化民众，形成了包括天命论、独断论和虚无主义在内的腐朽传统。到了近代，这种腐朽传统中的名教、经学、天命等内容披上了新的外衣，继续用"居阴而为阳"的方法欺压、讹诈，实际上就是"其上做戏，其下狐疑"。

二是要重视总结农民意识两重性导致的经验教训。冯契认为，近代以来中国人民的革命世界观主要表现在"通过群众的革命斗争来实现社会理想"这一观点之中。在他看来，群众的主体是中国的农民，而农民具有两面性：其一，当农民处于被压迫地位时，具有革命性；其二，受长期自然经济的影响，农民又具有软弱性，并且迷信、散漫的小农意识在他们的脑海中根深蒂固。据此，冯契指出，正是农民的这种两面性导致了中国近代革命的反复，以及革命世界观由自在到自

为的曲折发展，这就要求我们要重视革命发展中的经验教训。

三是要防止过度强调阶级斗争，即政治斗争和意识形态的斗争的偏向。20世纪30年代后，早期马克思主义者在道德领域或多或少忽视了个性解放和自愿原则，并缺乏对"经学独断论"的深入批判。这些偏向的综合作用最终造成了马克思主义者对阶级斗争的过度重视，并导致了政治领域和意识形态领域斗争的加剧。

第三，冯契伦理思想是中国传统伦理思想转化和发展的重要环节。通过分析研究冯契如何批判性继承中国传统伦理思想可以发现，中国传统伦理思想是冯契伦理思想的重要渊源，冯契伦理思想则构成了中国传统伦理思想转化和发展的重要环节。具体而言，冯契伦理思想在自由、价值、理想、道德原则等诸多伦理思想方面都汲取了传统伦理思想的合理因素，摒弃了其中的缺陷，从而使之具有现代的形式。具体而言，冯契伦理思想对中国传统伦理思想转化和发展主要体现在以下四个方面。其一，就道德本质而言，冯契提出道德是社会实践的产物及社会存在反映的观点。这一观点体现了荀子、李大钊等人有关道德起源的合理因素，同时摒弃了传统伦理思想中将道德绝对化的"天命""天理"等消极因素。其二，就道德原则而言，冯契通过对传统天人之辩、理欲之辩和群己之辩的概括、总结与深刻反思，提出了自然和人道、感性和理性、群体和个性相统一的价值原则。其三，就道德行为而言，冯契提出道德行为要建立在自觉自愿的基础上的观点。这一观点体现了中国传统伦理思想中自觉和自愿结合的内容，并摒弃了其中的理性专制主义、宿命论和唯意志论等片面观点。其四，就道德理想而言，冯契在古代圣贤学说和近代新人学说、古代大同社会和近代共产主义的社会理想的基础上，提出了"平民化的自由人格""个性解放和大同团结统一的社会理想"的观点。

综上所述，冯契伦理思想是冯契在系统研究中国传统伦理思想的基础上形成的，它继承了中国传统伦理思想的积极成果，并就其中的不足提出了解决的思路与方案，使中国传统伦理思想取得了现代形式，从而推进了中国传统伦理思想转化和发展。可见，冯契伦理思想在推进中国传统伦理思想转化和发展的过程中具有丰富的智慧，这对学界

研究促进中国传统伦理思想遇到的问题，以及道德文明建设中面临的困境具有一定的借鉴和参考价值。

三、对现代和当代儒家伦理思想研究的贡献

冯契伦理思想对中国传统伦理思想转化和发展包括对现代和当代儒家伦理思想研究的深化。现代和当代儒家伦理思想是近代以来在"古今中西"之争的特定情境下产生的一种重新阐释儒家的道德价值系统，是探究中国社会和中国文化出路的学术流派。从冯契伦理思想的形成和发展来看，冯契从实践唯物主义辩证法着手，在系统分析以梁漱溟、熊十力、冯友兰等为代表的现代新儒家伦理思想的基础上，深化了现代和当代儒家伦理思想的研究。

第一，对梁漱溟直觉主义伦理思想的系统考察。梁漱溟与梁启超等人同属"东方文化派"，他的直觉主义思想是张君劢玄学思想的直接来源。冯契认为，作为"东方文化派"的代表，梁漱溟提倡用直觉主义为儒学辩护，相关内容主要体现在他"五四"时期撰写的《东西方文化及其哲学》一书中。

该书中的伦理思想主要包括以下两个方面。其一，生命与生活是一回事。梁漱溟认为，生命是"活的相续"，而"生活的根本在意欲"[1]，进而"意欲"不断涌现就成为宇宙。在此基础上，梁漱溟提出"直觉主义"，主张直觉既以"内里的生命"，即人的本能、情感为基础，又连接宇宙的生命，从而使人达到主、客观融为一体的"仁"的境界。其二，"文化"是"民族生活的样法"[2]。梁漱溟认为，生活是无尽的意欲，所以不同的文化在根本上是不同的人生态度。进而他提出了"人生三路向说"[3]，强调意欲活动的三种方向有三种不同的人生态度，即西洋文化、中国文化和印度文化这三种类型的文化。

---

[1] 梁漱溟. 梁漱溟全集：第1卷[M]. 济南：山东人民出版社，2005：382.

[2] 同[1]，第352页。

[3] 人生三路向说：一是以意欲向前的要求为根本精神的西方文化；二是以意欲自为、调和、持中为根本精神的中国文化；三是以意欲反身向后的要求为根本精神的印度文化。参阅：梁漱溟. 梁漱溟全集：第1卷[M]. 济南：山东人民出版社，2005：383.

在系统分析梁漱溟直觉主义的基础上，冯契对其予以评判。一方面，冯契认为，梁漱溟的直觉主义包含合理的见解。在他看来，梁漱溟在结合柏格森哲学和中国的唯识宗、泰州学派的基础上，从哲学上阐述具有差异的东西方文化各自的民族传统，并尝试建立以直觉主义为特点的新儒学，对中国古代儒家伦理思想的转化和发展具有一定的积极影响。① 另一方面，冯契指出梁漱溟直觉主义还存在以下三点不足。其一，梁漱溟关于文化的含义及分类的思想具有明显的唯意志论倾向，本质上是"形而上学的虚构"。其二，梁漱溟将西方文化的"理智"视为"工具理性"，在一定程度上揭示了工具理性和价值理性的矛盾，但并未将二者统摄于同一文化主题之中。其三，梁漱溟在结合泰州学派、直觉主义和柏格森的基础上，将其唯意志论和直觉主义相互糅合，在一定程度上贬低了理智，违背了孔孟理性主义的传统。② 通过冯契对梁漱溟的批判可以发现，梁漱溟以直觉主义为基础的"文化三路向说"无法很好地处理中西文化沟通中隐含的争论，即理智和意志、理论和德性的关系。

第二，对熊十力"新唯识论"伦理思想的系统分析。冯契认为，在20世纪30年代的非马克思主义哲学家中，熊十力首先建构了自己的哲学体系，即"新唯识论"。"新唯识论"作为立足东方学术的思想体系，其中的伦理思想主要体现为以下三个方面。

其一，"会通古今中西"的文化观。面对近代中西文化的碰撞，熊十力认为，中学与玄学、科学与玄学的性质有异、方法有别，但"道并行而不相悖""终无碍于殊途同归"③。其二，"体用不二"的"心性本体论"④。熊十力认为，实体，即各人之本心，它不是人的经验、科学知识所能获得的，只有反求于自己，用实证，即自觉，才能获得。

---

① 冯契. 冯契文集：第7卷 [M]. 上海：华东师范大学出版社，2016：374.
② 同①，第371页。
③ 熊十力. 十力语要：卷一 [M] //熊十力全集：第4卷. 武汉：湖北教育出版社，2001：115.
④ 熊十力认为："本体不是外在的物事，更不是思维中的概念，或意念中追求的虚幻境界。唯反己深切体认，便证本来面目。"参阅：熊十力. 新唯识论：语体文本 [M] //熊十力全集：第3卷. 武汉：湖北教育出版社，2001：11.

其三,"性修不二"的"人性论"和"道德修养论"。熊十力以"万法唯识"和"翕辟成变"[①]为前提和基础,创建了他的"人性论学说"和"道德修养学说"。在"人性论"方面,熊十力提出"人类中心论",主张人的天性就是本体,个人生命力也就是宇宙大生命力。在他看来,本体之流行需要"翕而成物",而这会造成人的气质出现偏塞不齐的现象。因而要"翕随辟运",即通过学习、习行发挥精神的力量使气质转化。在此基础上,熊十力提出了"性修不二"的"修养论",主张天与人、本体(性)与工夫(修)是统一的。在他看来,人无具足本性,即全性不能为善,但如果不尽人力,天性也不能充分显现;同时,如果天性具足,并因之而修,即学习、修养的工夫,就能扩展固有之德性。

在系统考察熊十力"新唯识论"伦理思想的基础上,冯契对其进行了深入的反思。一方面,冯契归纳了其中的不足之处,主要包括以下三个方面。其一,熊十力虽然强调知识与修养、中学与西学的会通,但是以玄学为主,科学为辅,本质上是一种变相的"中体西用论";其二,"体用不二"的"心性本体论"虽然强调意识的能动作用,但是本质上是禅学、心学等主观唯心主义观点的复活;其三,熊十力所讲的自觉是对先验固有之性的明觉,即"返诸自家固有的明觉",但这种自觉具有"超知识"的性质,与社会实践、科学知识无关。据此,冯契指出,熊十力理论体系缺陷产生的主要原因是基于实践的辩证法在他的视野之外。[②]

另一方面,冯契还总结了其中的合理因素,主要包括以下四个方面。其一,"新唯识论"通过采用唯识宗辨析名相的理论思维方法,使概念更加清晰,使理论更加系统。其二,"新唯识论"包含一定的辩证法因素,如"翕辟成变"和"性修不二"。其三,熊十力挖掘了中国

---

① 在熊十力看来,"万法为识"是指玄学、本体都是思维中的概念或意念中追求的虚幻境界;"翕辟成变"则以"万法为识"为前提,"翕"是物质化的趋势,"辟"是精神力量,强调物质现象(用)是精神现象(体)的显现。参阅:熊十力. 新唯识论:文言文本[M]//熊十力全集:第2卷. 武汉:湖北教育出版社,2001:41—42.

② 冯契. 冯契文集:第7卷[M]. 上海:华东师范大学出版社,2016:492.

传统伦理思想的积极成果并使之近代化,如他将中国传统的"成性论"与"复性论"相结合,强调德性培育中个人能动性的发挥。其四,熊十力将意志作为自觉与自愿的统一,即在德性培养中将明智与意志相结合。特别是在中国近代法西斯主义者大力提倡"权力意志"和"力行哲学"时,熊十力强调自愿出自人的自觉本心,批判唯意志论,这有其特殊的积极意义。①

第三,对冯友兰新理学伦理思想的系统考察。作为新儒家代表人物的冯友兰不满于梁漱溟、熊十力尊崇陆王的思想倾向,故而将西方的"新实在论"与中国传统伦理思想相结合,建构以程朱理学为要旨的新理学伦理思想体系。其主要观点体现在如下四个方面。

其一,融汇中西的思想。在冯友兰看来,历史是合理的,他认为:"一时代有一时代之精神;一时代之哲学即其时代精神之结晶也。"②其二,理在事先的道德起源论。冯友兰认为,道德是社会之理的产物和反映,他指出:"无论在何种社会之内,其分子之行为,合乎其社会之理所规定之规律者,其行为是道德的(底),反乎此者是不道德的(底)。"③但对当时饱受诟病的忠臣、节妇之忠节,冯友兰则指出,部分道德是相对的,根源在于人们用今天的道德标准评判过去,因此,显现社会之理的道德在本质上是不变的。其三,知觉灵明的"道德觉解论"。冯友兰认为:"人生是有觉解地(底)生活,或有较高程度地(底)觉解地(底)生活。这是人之所以异于禽兽,人生之所以异于别的(底)动物的生活者。"④"觉"是自觉,是指人反观自身理性活动的一种心灵状态;"解"是了解,指人对事物之理的认识或人对概念的运用;"觉解"是了解与自觉的结合,主要是指人对宇宙人生的理性认识和把握。其四,知性同天的"人生境界论"。冯友兰从"觉解论"出发提出了"人生境界说"。他按照每个人对宇宙人生觉解的不同,把觉解

---

① 冯契.冯契文集:第7卷[M].上海:华东师范大学出版社,2016:491-492.
② 冯友兰.中国哲学史:上[M]//三松堂全集:第2卷.郑州:河南人民出版社,2001:254.
③ 冯友兰.新理学[M]//三松堂全集:第4卷.郑州:河南人民出版社,2001:107.
④ 同③,第472页。

从低到高划分为四种，即自然境界，功利境界，道德境界，天地境界。

在此基础上，冯契对冯友兰新理学伦理思想进行了反思。在他看来，冯友兰的"新唯识论"伦理思想的积极因素主要包括以下三个方面。一是冯友兰在面对中国近代法西斯主义者鼓吹力行哲学和唯意志论时，推崇自觉原则和理性精神具有一定的积极意义。二是冯友兰将道德行为视为有觉解的行为体现了传统儒家的理性主义精神，肯定了理性的价值。三是冯友兰在解决义利之辩和群己之辩的基础上，要求将人生观提升到科学的宇宙观，体现了认识论中由自发到自觉的特点。[①] 同时，冯契也指出了冯友兰伦理思想中存在以下三个方面的不足。其一，冯友兰强调，改变东方社会要发展生产力，但他回避了要通过阶级斗争变革生产关系的问题，这是片面的；其二，冯友兰强调理性自觉，忽视意志自愿，走向了"宿命论"，这与近代思想家批判"宿命论"遏制人的主观能动性的进步思潮相违背；其三，冯友兰为理学家的忠孝观辩护，这与"五四"时期的启蒙思潮相悖。

第四，冯契伦理思想对现代和当代儒家伦理思想研究的贡献。在对梁漱溟的"直觉主义"伦理思想、熊十力的"新唯识论"伦理思想和冯友兰的"新理学"伦理思想进行批判、反思和扬弃的基础上，冯契将其中的合理因素融入自己的伦理思想中，并运用实践唯物主义辩证法解决了其中存在的一些问题。

其一，就"古今中西"之争而言，冯契从社会实践出发将"古今中西"之争凝练为知识与智慧的关系问题，并提出以"转识成智"为核心的"智慧说"。具体而言，冯契的"智慧说"从社会实践出发，在运用马克思主义探究中国传统哲学和西方哲学的基础上，提出了"化理论为方法"和"化理论为德性"的核心命题，这就使科学与哲学、知识与智慧、理智与情感的矛盾得到合理的解决。其二，就道德的起源而言，冯契从社会实践出发，强调道德是对社会关系准则及人性发展要求的反映。这就进一步深化了冯友兰关于道德起源的研究，从而推进了现、当代儒家伦理思想关于道德起源问题的研究。其三，

---

① 冯契. 冯契文集：第7卷［M］. 上海：华东师范大学出版社，2016：558.

就道德行为而言，冯契认为，道德生活中的行为是合乎规范的行为，应当建立在理性自觉和意志自愿的基础上。在这里，冯契借鉴了冯友兰关于"觉解"的观点，反思了梁漱溟关于直觉和意志关系的观点，从而使现代和当代儒家伦理思想中自觉和自愿结合的观点获得了现代的形式。其四，就道德实现而言，冯契从现实生活出发强调理想化为现实的活动，是培养自由德性的过程。如冯契从认识辩证法角度出发提出人的品德及其所处的道德境界存在的层次，经过实践和教育人的道德境界可以由较低层次发展到较高层次，进一步深化了冯友兰研究的传统人生境界问题。

综上所述，通过运用唯物主义辩证法对梁漱溟、熊十力、冯友兰等现代新儒家伦理思想的考察与反思，冯契汲取了其中的合理因素，并就其中存在的不足提出了解决的思路与方法，这就深化了现代和当代儒家伦理思想研究的相关议题，推进了现代和当代儒家伦理思想的发展进程。

第三节 冯契伦理思想的启示

冯契伦理思想作为马克思主义伦理思想中国化以及中国传统伦理思想转化和发展的重要环节，是具有创造性和启发性的伦理学说。其中包含的理论、规范和实践相结合的研究模式，认识论、本体论和价值论相结合的道德本质研究方法，真、善、美统一的价值导向，对当代伦理思想的进一步发展具有重要启示。

一、伦理学研究应加强理论、规范和实践的结合

从一般意义上看，伦理学是研究道德的科学。罗国杰先生在《学术自述》中指出：伦理学是一门关于人的德性形成的理论和实践的科学，它对人的道德品质和思想素质的培养最为重要。[1] 从这个方向看，

---

[1] 罗国杰. 伦理学探索之路：罗国杰自选集［M］. 北京：首都师范大学出版社，2011：10.

围绕化理论为德性的问题，冯契伦理思想包含理论、规范和实践相结合的研究模式。

从伦理学研究的范围来看，大凡研究伦理学的学者都承认自己是研究道德现象者。[①] 基于对道德现象的不同认知，学界对伦理学的界定各不相同，其中存在不同的偏重，主要包括以下三个方面。其一，偏重规范的学者，主要研究人们的行为准则，并探讨道德原则与规范的本质，并为人们的行动提供基本遵循原则。其二，偏重道德语言的学者，主张通过语言分析和逻辑论证的方式对"道德规范何以可能"进行更深层次的追问。其三，偏重应用的学者认为，伦理学应从实际应用出发，综合必要的自然科学知识和社会科学知识，从而寻求尽可能广泛的道德共识，并构建新的、具体的道德规范。总体来看，伦理学研究的不同偏重在一定程度上深化了伦理学的内涵，丰富了伦理学的内容。不过，其中也存在一些问题，如偏重规范的伦理学注重道德规范的普遍意义，易于排斥个性情感的因素;[②] 偏重道德语言的伦理学关注语言分析和逻辑论证，易于脱离社会实践；偏重实践的伦理学强调道德价值，易于忽视道德理论的研究。[③] 综上可知，现有伦理学研究存在一定的不足之处，这给理论、规范和实践在伦理学研究中的融通带来一定的困难。

而冯契伦理思想包含理论、规范和实践相结合的研究模式。这既是冯契解决伦理问题的致思路径，也是其伦理思想体系建构的内在逻辑。早在20世纪50年代，冯契就提出了"化理论为方法，化理论为德性"的观点，旨在"运用理论来提高自己的思想觉悟"，以便使"理论联系实际"得到贯彻。[④] 在当时中国的政治氛围与社会环境中，"理论"是指马克思主义理论，即由马、恩、列、斯和毛泽东的著作中

[①] 田海平. 罗国杰与当代中国伦理学的正题法则：伦理道德与好制度的相互涵养与推行 [J]. 吉首大学学报, 2016 (3): 34.

[②] 王文东. 当代西方德性伦理学的重点问题及其方法特征 [J]. 哈尔滨师范大学社会科学学报, 2020 (3): 18.

[③] 高辉. 试论伦理学的三种理论形态：基于理论形态学的考察 [M]. 长沙：湖南师范大学出版社, 2012: 221-224.

[④] 冯契. 冯契文集：第1卷 [M]. 上海：华东师范大学出版社, 2016: 16.

阐发、被视为普遍真理的思想学说；"化"则表明这一观点的重点并非探讨哲学原理本身，而是将理论应用于实践；"方法"是指马克思主义的立场、观点和方法；"德性"是当时流行的"提高思想觉悟"。可见，这一命题将当时流行的"提高思想觉悟"在理论上提升为"化理论为德性"，并用德性的概念掌握理论，这就展现了冯契非凡的哲学能力。① 在1980年3月19日致邓艾民的信中，冯契指出："在50年代，我提了两个口号，一是化理论为方法，一是化理论为德性。其实，我的意思无非是说，哲学是世界观与方法论的统一，是世界观与人生观的统一。"② 可以发现，化理论为方法和化理论为德性的内容已发生重要转变，这时的"理论"是指哲学理论，是性与天道的智慧；"方法"是指辩证逻辑的方法论，包括理论和实践相结合、分析和综合相结合的方法；"德性"是指真、善、美相统一的自由德性。其中，化理论为德性便是冯契伦理思想的核心议题。这一议题的主要内容集中在《人的自由和真善美》一书当中。在该书中，冯契指出，化理论为德性是指理论（智慧）要指导人生，就必须取得理想形态，进而具体化为道德规范来培养人的德性，实现人的自由，达到真、善、美统一的理想境界。由此可见，理论、规范和实践相结合是冯契解决"理论化为德性"问题的内在逻辑。

结合当前伦理学研究的现状，要克服当前伦理学研究中出现的不同偏向，就要将理论、规范和实践相结合。对此，冯契伦理思想给予我们以下三点启示。

其一，在理论中突出规范和实践。冯契认为，理论是关于世界观、人生观的智慧，是人们确立道德理想的根据，而道德理想正是理论的理想形态。在理论中突出规范和实践，就是将道德理想与道德规范和道德行为密切联系。这就要求不仅要将道德理想"具体化为处理人和人关系的准则，即道德规范"③，而且要将道德理想表现在人的行为中。这样的"理论不仅是武器、工具，而且本身也具有内在价值，体现了

---

① 陈来. 冯契德性思想简论［J］. 华东师范大学学报（哲学社会科学版），2006（2）：39.
② 冯契. 冯契文集：第10卷［M］. 上海：华东师范大学出版社，2016：37.
③ 冯契. 冯契文集：第3卷［M］. 上海：华东师范大学出版社，2016：141.

人格，表现了个性"①。其二，在规范中突出理论和实践。规范，即道德规范，是对社会关系准则的反映。在规范中突出理论和实践，就是强调道德规范与道德理想、道德行为的联系。这就要求"规范一定要取得理想形态，并且要由主体（人格）掌握它，并出于爱心力求见之于行为；也只有当贯彻于行动时，才能说真正掌握了道德规范"②。其三，在实践中突出理论和规范。实践，即道德实现或道德生活，是理想化为现实的实践活动。在实践中突出理论和规范，就在于用道德理想指导人生，还在于用道德规范来规范人的行为。而且在道德实践中，如果缺乏科学的理论指导，人的自由发展将变得困难；如果缺乏道德规范，那么人们正确处理道德基本关系就会受到阻碍。

以上这些，都充分展现了冯契通过理论、规范和实践相结合的研究思路解决理论和德性关系问题的智慧。正是有这样的研究思路，冯契才创造了富有个性的伦理学说，这就为伦理学研究者克服当代伦理学研究出现偏向，增强伦理学研究的有效性和合理性，提供了一种可能的研究思路。

二、道德本质研究应重视认识论、本体论和价值论的结合

道德本质问题是一个具有根本意义的问题，决定道德理想、道德规范及道德实现的倾向。在这个问题上，冯契的道德本质思想运用了认识论、本体论和价值论相结合的方法。

从我国伦理学界对道德本质问题的研究来看，自1982年罗国杰主编的《马克思主义伦理学》一书中提出了"道德的本质是什么"这一问题之后，一大批伦理学教材相继问世，"道德本质"作为专门章节出现在绝大部分教材中，这些成果直接促进了学界对道德本质问题研究的深入。20世纪80年代初期，关于道德本质研究的分歧集中体现在是从"人性与道德的关系入手去认识道德的本质？"，还是从"社会存在

---

① 冯契. 冯契文集：第1卷［M］. 上海：华东师范大学出版社，2016：17.
② 冯契. 冯契文集：第3卷［M］. 上海：华东师范大学出版社，2016：166.

与社会意识的辩证关系出发去认识道德的本质?"[1]。20世纪80年代后期至90年代初期,学界就道德本质问题展开了一场大讨论。这次讨论由肖雪慧和夏伟东[2]有关道德本质问题的争论开始。随后,罗国杰、肖群忠、黄伟合等学者纷纷加入这场讨论,其焦点是道德规范的主体性和规范性之争,其研究范围涉及认识论、本体论和价值论等不同领域。这一时期关于道德本质的研究相比上一阶段有所突破,但在认识论上更多体现为社会意识,在本体论上更多还是体现为社会关系、人的主体、实践精神。20世纪90年代中期之后,这场争论的热度逐渐降低,但这场讨论却进一步深化了学界有关道德本质问题的研究。此后,道德本质除包括我们熟知的"意识形态""行为规范""实践精神",还出现了"存在方式"[3]"价值""自由""应当""文化"等新的阐述。综合可知,20世纪80年代至今,道德本质问题的研究范围不断延展,从认识论到本体论,再到价值论,但缺乏将认识论、本体论和价值论相结合的研究成果,自然也就较难系统深入地把握道德本质的内含。

冯契的道德本质思想中贯穿认识论、本体论和价值论相结合的方法。这一方法是冯契运用唯物辩证法对中国传统哲学和西方哲学中有关本体论、认识论内容的综合创新。在中国传统哲学中,认识论、本体论和价值论的结合是指工夫和本体的结合。如王阳明提出的"本体即工夫"的观点,就肯定了本体可以认识,展现了认识论和本体论统一的思想。在近代西方哲学中,休谟、康德等哲学家强调本体是超越(transcendent)于认识的,是认识的彼岸,这就使本体论和认识论彼此悬隔。在比较分析中西方本体论和认识论关系的基础上,冯契从唯物辩证法着手,主张"认识论和本体论二者互为前提,认识论应该以本

---

[1] 张宵.20世纪80年代以来我国的道德本质问题研究 [J].伦理学研究,2010(3):137.

[2] 1986年,肖雪慧在《光明日报》上发表题为《人的主体性是一切道德活动的出发点》一文。是年,夏伟东在《哲学研究》第8期上撰文《略论道德的本质——兼与肖雪慧同志商榷》。这样,一场有关"道德本质问题"的大讨论拉开了序幕。

[3] 杨国荣指出:"道德既是人存在的方式,同时也为这种存在(人自身的存在)提供了某种担保。"参阅:杨国荣.伦理与存在:道德哲学研究 [M].上海:上海人民出版社,2002:11.

体论为出发点、为依据，而认识论也就是本体论的导论"①，进而强调研究哲学问题要从认识论和本体论的统一出发。因此，以社会实践为前提，以人的本质为起点，对认识层面、本体层面及价值层面的道德进行研究，成为冯契以认识论、本体论和价值论相结合的方法考察道德本质的基本思路。

结合我国伦理学界探讨道德本质问题的现状，要比较系统全面地把握道德本质，冯契研究道德本质问题的基本思路给予我们如下三点启示。

第一，从认识论视角研究道德，要着重阐释道德本体和道德价值。从认识论视角研究道德本质，是将道德视为一种意识形态。在道德意识中重视道德本体和道德价值，就在于强调道德意识不仅要反映社会存在，而且要体现人在本质上对自由的要求。这是由于"意识活动不仅是认知，还有情意的作用；也就是说，人的认识活动不仅是理论理性的活动，还包含评价。评价是与人的需要、情感、欲望、意志相联系着的"②。

第二，从本体论视角研究道德，要重视阐述道德意识和道德价值。从本体论视角研究道德本质，是将道德视为道德规范和实践精神。在道德规范中重视道德意识和道德价值，就在于道德规范作为社会关系准则的反映，具有相对性；同时，还在于道德规范作为当然之则，是由人来制定的，并为人所遵循的，包含人对自由的追求。在实践精神中重视道德价值和道德意识，重在强调实践精神不仅是善良意志，还是"由低级到高级的发展过程"③。

第三，从价值论视角研究道德，要重视阐发道德本体和道德意识。从价值论视角研究道德本质，是将道德视为自由及自由的实现。在自由中重视道德本体和道德意识，重在强调道德不仅是人的自由本质的体现，还是道德主体由"自在而自为"和"化理想为现实"的实现。

以上所述都充分体现了冯契运用认识论、本体论和价值论相结合

---

① 冯契.冯契文集：第1卷［M］.上海：华东师范大学出版社，2016：84.
② 同①，第309页.
③ 冯契.冯契文集：第3卷［M］.上海：华东师范大学出版社，2016：176.

的方法解决道德本质问题的智慧。正是有这样的研究方法,冯契才深刻把握了道德本质的丰富内涵,为当前学界深化道德本质问题研究提供了可资借鉴的方法。

三、道德体系建设应突出价值导向

道德体系建设是道德实现的重要内容,其中价值导向问题是根本性问题。在这个问题上,冯契提出建立价值体系要以真、善、美统一为价值导向,所要达到的"就是基于人民大众的利益又合乎人性自由发展的真、善、美统一的理想境界"[①]。

当前,我国道德价值体系,即社会主义核心价值观,统合了国家层面、社会层面和个人层面的道德价值观念,包括民族复兴的价值观念、追求美好生活的价值观念、全面自信的价值观念、引领世界发展的价值观念、共商共建共赢的价值观念等。[②] 面对中国社会发展的新矛盾、新任务和新要求,在社会主义核心价值观建设中出现了不同程度的价值偏差,主要表现在价值主体、价值观念、价值预期等方面。其一,价值主体日益分化。在贫富分化加剧导致利益失衡的影响下,社会伦理关系也日趋复杂,使人与物、人与自身、人与社会的关系发生异化。这是由于,人工智能、大数据等科学技术的高速发展严重削弱了人的价值;利益观念的变化导致了利己主义、拜金主义等异化观念的流行;地区间经济水平差异的不断扩大导致了理想信念的危机。其二,价值观念出现偏差。当前,社会主义核心价值观建设要求经济、政治、社会、文化、生态等各个领域协同发展,但在当前各个领域中存在实用主义片面发展的倾向,并且各个领域的价值导向被某些人或某些群体的狭隘利益观影响,甚至各个领域的价值观念时常冲突,甚至相悖。其三,价值预期愈发模糊。传统伦理学往往都以某种价值目标为前提,如"至善""幸福"等。目前,社会主要矛盾由改革开放到党的十九大之间的生产力和生产关系的矛盾,转化为人自身及其内

---

① 冯契. 冯契文集:第3卷 [M]. 上海:华东师范大学出版社,2016:102.
② 李建华. 新时代的中国伦理学使命 [J]. 中南大学学报(社会科学版),2018(1):8.

在关系的矛盾。在现实生活中，这一矛盾与人的欲望无限性、个体能力层次性相结合，使价值目标的确立充满了不确定性。

面对价值体系建设中价值导向的问题，冯契提出了以真、善、美统一为价值体系导向的观点。改革开放初期，在深刻反思中国近代以来唯意志论、宿命论、集体主义、拜金主义、权威主义等价值观念的基础上，冯契陆续撰写了《论真、善、美》（1981年）、《论真、善、美的理想》（1982年）、《批判继承古代哲学遗产与建设社会主义精神文明》（1984年）、《关于价值导向问题》（1991年）等论文。这些论文都贯穿真、善、美统一的思想，这些基本观点体现在1988年由冯契讲课记录稿装订的《人的自由和真善美》（上册）第四章当中[①]。在该章中，冯契通过分析研究中国古代的价值学说和价值原则以及中国近代价值观革命的基础上，阐释了以真、善、美统一为理想境界的价值体系。这一体系的基本观点是建立合理的价值体系应以自由劳动为目的因；合理的价值体系的原则，就在于正确解决天人之辩、理欲之辩和群己之辩；价值体系就是理想体系，或者说，"一个时代的合理的价值体系就是这个时代进步人类的最高理想，它是共同的社会理想，也是个人的人生理想"[②]。

结合社会主义核心价值观建设的现状来看，我们应克服价值导向中出现的价值主体分化、价值观念偏差和价值预期模糊的问题，对于这些问题，冯契通过以真、善、美统一为价值导向的观点给予我们以下四个方面的启示。

第一，社会主义核心价值观建设应以自由劳动为目的因。"自由劳动"是马克思主义哲学的核心范畴，经过冯契的分析和阐发，具有深刻的价值论意义。在冯契看来，一切创造价值的活动都在于实现人的自由，使个人成为自由的人格，社会成为自由的社会，这样的自由是人在生产劳动、社会实践中展开的。[③] 因此，社会主义核心价值观建设以自由劳动为目的因，需要人们在社会实践中从以下三个方面着手。

---

① 林在勇. 冯契学述 [M]. 杭州：浙江人民出版社，1999：272.
② 冯契. 冯契文集：第3卷 [M]. 上海：华东师范大学出版社，2016：102.
③ 同②。

其一，人们从事生产，要运用科学的手段，以最适合人性的方式来进行人和自然之间的物质交换。其二，人要以本身为目的来发展自己的创造才能，发展自身多方面的素质。其三，人们要建立以仁爱和正义为内容的社会伦理关系，使社会成为自由人格的联合体。

第二，社会主义核心价值观建设应遵循合理的价值体系原则。合理的价值体系原则主要包括天道和人道统一的原则、群体与个体统一的原则、人的全面发展原则。在社会主义核心价值观建设中贯彻上述原则，要求人们在处理基本道德关系中从以下三个方面着手：其一，在处理人与自然的关系中，既要遵循客观发展规律，也要结合人性发展规律；其二，在处理人与社会的关系中，既要尊重集体，也要发展人的个性；其三，在处理人与自身的关系中，要使理性和感性协调发展，以促进人的本质力量全面发展。

第三，社会主义核心价值观建设应坚持大众方向。"大众方向"[①]本是周恩来同志的曾用语，经过冯契的重新阐发，主要是指价值建设应从人民大众的利益出发，使道德和利益相统一，以促进人们改造世界和发展自我。在社会主义核心价值观建设中坚持大众方向，核心是教育的问题，其重点在于以下两个方面。其一，社会主义核心价值观教育要立足群众的基础，"要坚持自觉自愿的原则"[②]。其二，社会主义核心价值观教育要根据不同的情况引导群众前进，不能用千篇一律的办法，要看到程度、层次的差别。

第四，社会主义核心价值观建设应以真、善、美的统一为理想境界。在价值体系中，真、善、美的统一就要求价值体系既要符合人民大众的利益，也要合乎人性自由发展的价值体系。在社会主义核心价值观建设中贯彻真、善、美的统一，需要注重以下三个方面：其一，重视社会主义核心价值观的实践和教育，因为只有在社会实践中，理

---

① "大众方向"是周恩来的用语。毛泽东同志在《新民主主义论》一书中提出要建设"民族的、科学的、大众的文化"。周恩来对此进一步阐发，指出新文化要有"民族的形式、科学的内容、大众的方向"。参阅：杨国荣. 追寻智慧：冯契哲学思想研究［M］. 上海：上海古籍出版社，2007：350.

② 冯契. 冯契文集：第11卷［M］. 上海：华东师范大学出版社，2016：735.

想才能化为现实，才能培养自由的德性；其二，加强社会主义核心价值观教育与科学教育、道德教育及审美教育的结合；其三，社会主义核心价值观建设要尊重个性、信任个性，激发个人的能动性、创造性。这样，社会主义核心价值观就达到了真、善、美的统一，并在人的灵魂中生根。这些都充分体现了冯契以真、善、美统一为价值导向的当代启示。正是有这样的价值导向的支撑，冯契才能创造真、善、美统一的、富有个性的价值体系。

总体来看，冯契伦理思想对我们具有深刻的启迪意义。创新伦理思想体系无疑还需要多方面的条件，如充满活力的时代变革。然而应该看到，在全球化、现代化的今天，思想体系的变革和社会环境的演变，只是为创新伦理思想体系提供了一定的客观条件，要继续推进伦理思想体系的创新，就需要一批具有自由个性的思想家。伦理研究者作为创新伦理思想体系的主体，应具有自由的个性和一贯的操守，要像冯契那样始终贯彻理论、规范和实践相结合的研究思路，并运用认识论、本体论和价值论相结合的研究方法，高扬真、善、美统一的价值导向，只有这样才会促成不同伦理思想体系的交流和碰撞，才能形成当代伦理思想研究百花齐放、新论迭出的繁荣局面，进而推进当代伦理思想不断发展向前。

参考文献

一、经典著作类
1. 冯契文集

[1] 冯契. 冯契文集：第一卷：认识世界和认识自己 [M]. 上海：华东师范大学出版社，2016.

[2] 冯契. 冯契文集：第二卷：逻辑思维的辩证法 [M]. 上海：华东师范大学出版社，2016.

[3] 冯契. 冯契文集：第三卷：人的自由和真善美 [M]. 上海：华东师范大学出版社，2016.

[4] 冯契. 冯契文集：第四卷：中国古代哲学的逻辑发展：上 [M]. 上海：华东师范大学出版社，2016.

[5] 冯契. 冯契文集：第四卷：中国古代哲学的逻辑发展：中 [M]. 上海：华东师范大学出版社，2016.

[6] 冯契. 冯契文集：第四卷：中国古代哲学的逻辑发展：下 [M]. 上海：华东师范大学出版社，2016.

[7] 冯契. 冯契文集：第七卷：中国近代哲学的革命进程 [M]. 上海：华东师范大学出版社，2016.

[8] 冯契. 冯契文集：第九卷：智慧的探索 [M]. 上海：华东师范大学出版社，2016.

[9] 冯契. 冯契文集：第九卷：智慧的探索·补编 [M]. 上海：华东师范大学出版社，2016.

[10] 冯契. 冯契文集：第十卷：哲学讲演录·哲学通信 [M]. 上海：华东师范大学出版社，2016.

[11] 冯契. 冯契文集：第九卷：智慧的探索·补编续 [M]. 上海：华东师范大学出版社，2016.

2. 其他经典著作

[1] 马克思，恩格斯. 马克思恩格斯文集：第1卷 [M]. 北京：人民出版社，

2009.

[2] 马克思,恩格斯. 马克思恩格斯选集 [M]. 北京:人民出版社,2012.

[3] 列宁. 列宁全集:第46卷 [M]. 北京:人民出版社,1985.

[4] 斯大林. 斯大林选集 [M]. 北京:人民出版社,1979.

[5] 毛泽东. 毛泽东选集 [M]. 北京:人民出版社,1991.

[6] 毛泽东. 毛泽东文集:第2卷 [M]. 北京:人民出版社,1996.

[7] 周恩来. 周恩来选集 [M]. 北京:人民出版社,1984.

[8] 郑玄,注. 礼记正义 [M]. 北京:北京大学出版社,1999.

[9] 刘勰. 增订文心雕龙校注 [M]. 北京:中华书局,2000.

[10] 张载. 张载集 [M]. 北京:中华书局,1978.

[11] 陈亮. 陈亮集 [M]. 北京:中华书局,1987.

[12] 王守仁. 王阳明全集 [M]. 上海:上海古籍出版社,2011.

[13] 王夫之. 船山全书:第2册 [M]. 长沙:岳麓书社,2011.

[14] 王夫之. 船山全书:第6册 [M]. 长沙:岳麓书社,2011.

[15] 王夫之. 船山全书:第12册 [M]. 长沙:岳麓书社,2011.

[16] 金圣叹. 金圣叹全集:第1册 [M]. 南京:凤凰出版社,2016.

[17] 戴震. 戴震全集:第1册 [M]. 北京:清华大学出版社,1991.

二、学术著作类

[1] 陈根法. 德性论 [M]. 上海:上海人民出版社,2004.

[2] 陈来. 儒学美德论 [M]. 北京:生活·读书·新知三联书店,2019.

[3] 陈来. 现代儒家哲学研究 [M]. 北京:北京大学出版社,2018.

[4] 陈来. 中华文明的核心价值:国学流变与传统价值观 [M]. 北京:生活·读书·新知三联书店,2015.

[5] 陈泽环. 道德结构与伦理学:当代实践哲学的思考 [M]. 上海:上海人民出版社,2009.

[6] 陈泽环. 儒学伦理与现代中国:中外思想家中华文化观初探 [M]. 上海:上海人民出版社,2020.

[7] 樊浩,成中英. 伦理研究:道德哲学卷·2006 [M]. 南京:东南大学出版社,2007.

[8] 樊浩. 伦理精神的价值形态 [M]. 北京:中国社会科学出版社,2001.

[9] 方红庆. 德性知识论 [M]. 北京:中国社会科学出版社,2018.

[10] 方克立. 现代新儒学与中国现代化 [M]. 天津:天津人民出版社,1997.

[11] 冯友兰．三松堂全集：第2卷［M］．郑州：河南人民出版社，2001．

[12] 冯友兰．三松堂全集：第4卷［M］．郑州：河南人民出版社，2001．

[13] 甘绍平．伦理学的当代建构［M］．北京：中国发展出版社，2015．

[14] 高瑞泉，袁振国．人格论［M］．上海：上海文化出版社，1989．

[15] 龚自珍．龚自珍全集［M］．上海：上海古籍出版社，1999．

[16] 顾红亮．现代中国平民化人格话语［M］．上海：华东师范大学出版社，2005．

[17] 郭齐勇．郭齐勇学术论集：儒学新论［M］．贵阳：孔学堂书局，2015．

[18] 胡适．胡适文集：第1卷［M］．北京：北京大学出版社，1998．

[19] 华东师范大学哲学系．理论、方法和德性：纪念冯契［M］．上海：学林出版社，1996．

[20] 江畅．德性论［M］．北京：人民出版社，2011．

[21] 金岳霖．金岳霖全集：第2卷［M］．北京：人民出版社，2013．

[22] 劳思光．当代西方思想的困局［M］．上海：华东师范大学出版社，2016．

[23] 李大钊．李大钊全集：第1卷［M］．北京：人民出版社，2006．

[24] 李大钊．李大钊全集：第2卷［M］．北京：人民出版社，2006．

[25] 李德顺．价值论：一种主体性的研究［M］．北京：中国人民大学出版社，2013．

[26] 李义天．美德伦理学与道德多样性［M］．北京：中央编译出版社，2012．

[27] 李泽厚．伦理学纲要续篇［M］．北京：生活·读书·新知三联书店，2017．

[28] 李泽厚．美的历程［M］．北京：生活·读书·新知三联书店，2009．

[29] 李泽厚．中国现代思想史论［M］．北京：生活·读书·新知三联书店，2008．

[30] 梁漱溟．梁漱溟全集：第1卷［M］．济南：山东人民出版社，2005．

[31] 梁漱溟．梁漱溟全集：第2卷［M］．济南：山东人民出版社，2005．

[32] 林在勇．冯契学述［M］．杭州：浙江人民出版社，1999．

[33]《伦理学》编写组．伦理学［M］．北京：高等教育出版社，人民出版社，2012．

[34] 罗国杰．伦理学［M］．北京：人民出版社，2014．

[35] 罗国杰．伦理学探索之路：罗国杰自选集［M］．北京：首都师范大学出版社，2011．

[36] 罗国杰．中国伦理思想史：上、下［M］．北京：中国人民大学出版社，2003．

[37] 罗国杰．马克思主义伦理学［M］．北京：人民出版社，1982．

[38] 罗国杰．人道主义思想论库［M］．北京：华夏出版社，1993．

[39] 彭漪涟．冯契辩证逻辑思想研究［M］．上海：华东师范大学出版社，1999．

[40] 彭漪涟．化理论为方法 化理论为德性：对一个哲学命题的思考与探索［M］．上海：上海人民出版社，2008．

[41] 宋希仁．伦理与人生［M］．北京：教育科学出版社，2000．

[42] 宋希仁．西方伦理思想史［M］．北京：中国人民大学出版社，2010．

[43] 孙正聿．探索真善美［M］．长春：吉林人民出版社，2007．

[44] 汤一介．中国传统文化的特质［M］．上海：上海教育出版社，2019．

[45] 唐凯麟，王泽应．中国现当代伦理思潮［M］．合肥：安徽文艺出版社，2017．

[46] 唐凯麟．伦理大思路：当代中国道德和伦理学发展的理论审视［M］．长沙：湖南人民出版社，2000．

[47] 万俊人．思想前沿与文化后方［M］．北京：东方出版社，2002．

[48] 王海明．伦理学原理［M］．北京：北京大学出版社，2009．

[49] 王南湜．追寻哲学的精神：走向实践哲学之路［M］．北京：北京师范大学出版社，2006．

[50] 王向清，李伏清．冯契"智慧"说探析［M］．北京：人民出版社，2012．

[51] 王向清．冯契与马克思主义哲学中国化［M］．湘潭：湘潭大学出版社，2008．

[52] 王泽应．伦理学［M］．北京：北京师范大学出版社，2012．

[53] 王泽应．马克思主义伦理思想中国化最新成果研究［M］．北京：中国人民大学出版社，2018．

[54] 吴潜涛，等．中国化马克思主义伦理思想研究［M］．北京：中国人民大学出版社，2015．

[55] 武卉昕．苏联马克思主义伦理学兴衰史［M］．北京：人民出版社，2011．

[56] 夏伟东．道德本质论［M］．北京：中国人民大学出版社，1991．

[57] 熊十力．熊十力全集：第1卷［M］．武汉：湖北教育出版社，2001．

[58] 熊十力．熊十力全集：第4卷［M］．武汉：湖北教育出版社，2001．

[59] 徐顺教，季甄馥．中国近代伦理思想研究［M］．上海：华东师范大学出版社，1993．

[60] 杨国荣．成己与成物：意义世界的生成［M］．北京：北京师范大学出版社，2018．

[61] 杨国荣. 道论 [M]. 北京：北京大学出版社, 2020.

[62] 杨国荣. 伦理与存在：道德哲学研究 [M]. 上海：华东师范大学出版社, 2009.

[63] 杨国荣. 善的历程：儒家价值体系研究 [M]. 北京：北京师范大学出版社, 2018.

[64] 杨国荣. 道德·知识·语言：思想与文化第十二辑 [M]. 上海：华东师范大学出版社, 2012.

[65] 杨国荣. 知识与智慧：冯契哲学研究论文集（1996—2005）[M]. 上海：华东师范大学出版社, 2005.

[66] 杨国荣. 追寻智慧：冯契哲学思想研究 [M]. 上海：上海古籍出版社, 2007.

[67] 杨海燕, 方金奇. 智慧的回望：纪念冯契先生百年诞辰访谈录 [M]. 桂林：广西师范大学出版社, 2015.

[68] 张岱年. 文化与价值 [M]. 北京：新华出版社, 2004.

[69] 张岱年. 张岱年全集：第2卷 [M]. 石家庄：河北人民出版社, 1996.

[70] 张岱年. 中国传统伦理思想研究 [M]. 北京：中国人民大学出版社, 2011.

[71] 张岱年. 中国哲学大纲 [M]. 北京：商务印书馆, 2015.

[72] 张世英. 张世英文集：第5卷 [M]. 北京：北京大学出版社, 2016.

[73] 张世英. 张世英文集：第6卷 [M]. 北京：北京大学出版社, 2016.

[74] 张世英. 张世英文集：第7卷 [M]. 北京：北京大学出版社, 2016.

[75] 章太炎. 章太炎书信集 [M]. 石家庄：河北人民出版社, 2003.

[76] 赵敦华. 现代西方哲学新编 [M]. 北京：北京大学出版社, 2000.

[77] 朱贻庭. 中国传统道德哲学6辨 [M]. 上海：文汇出版社, 2017.

[78] 朱贻庭. 中国传统伦理思想史 [M]. 上海：华东师范大学出版社, 2003.

[79] 维特根斯坦. 哲学研究 [M]. 李步楼, 译. 北京：商务印书馆, 1996.

[80] 黑格尔. 哲学史讲演录：第1卷 [M]. 贺麟, 等译. 上海：上海人民出版社, 2013.

[81] 黑格尔. 哲学史讲演录：第4卷 [M]. 贺麟, 等译. 上海：上海人民出版社, 2013.

[82] 康德. 纯粹理性界限内的宗教：道德形而上学 [M]. 北京：中国人民大学出版社, 2007.

[83] 叔本华. 自然界中的意志 [M]. 任立, 刘林, 译. 北京：商务印书馆, 1997年

[84] 普列汉诺夫. 论艺术 [M]. 曹葆华, 译. 北京: 生活·读书·新知三联书店, 1973.

[85] 萨特. 存在主义是一种人道主义 [M]. 周煦良, 汤永宽, 译. 北京: 上海译文出版社, 1988.

[86] 亚里士多德. 尼各马可伦理学 [M]. 廖申白, 译. 北京: 商务印书馆, 2003.

[87] 斯宾诺莎. 伦理学 [M]. 贺麟, 译. 北京: 商务印书馆, 1983.

[88] 阿拉斯戴尔·麦金太尔. 德性之后 [M]. 龚群, 戴扬毅, 译. 北京: 中国社会科学出版社, 1995.

[89] 阿拉斯戴尔·麦金太尔. 依赖性的理性动物: 人类为什么需要德性 [M]. 刘玮, 译. 南京: 译林出版社, 2013.

[90] 弗兰克·梯利. 伦理学导论 [M]. 何意, 译. 北京: 北京师范大学出版社, 2015.

[91] 弗兰克·梯利. 西方哲学史 [M]. 贾晨阳, 解晨远, 译. 北京: 光明日报出版社, 2014.

[92] 迈克尔·斯洛特. 从道德到美德 [M]. 周亮, 译. 南京: 译林出版社, 2017.

[93] 约翰·杜威, 詹姆斯·H. 塔夫斯. 伦理学 [M]. 方永, 译. 北京: 商务印书馆, 2019.

[94] 罗莎琳德·赫斯特豪斯. 美德伦理学 [M]. 李义天, 译. 南京: 译林出版社, 2015.

[95] G. E. 摩尔. 伦理学原理 [M]. 陈德中, 译. 北京: 商务印书馆, 2018.

[96] 亨利·西季威克. 伦理学方法 [M]. 廖申白, 译. 北京: 商务印书馆, 2020.

[97] Bernard W. Ethics and the limits of philosophy [M]. Oxfordshire: Taylor & Francis-Routledge, 2011.

[98] David O B. Moral realism and the foundations of ethics [M]. Cambridge: Cambrige University Press, 2008.

[99] Elisa G, Virtue E. Retrospect and prospect [M]. London: Springer Nature, 2019.

[100] Matthew C A. Kant and applied ethics: the uses and limits of Kant's practical philosophy [M]. New Jersey: Wiley–Blackwell, 2011.

三、学术期刊类

[1] 蔡瑞雪,陈卫平."世界性百家争鸣与中国哲学自信:纪念冯契百年诞辰"国际学术研讨会综述[J].哲学动态,2016(5):107-108.

[2] 蔡志栋.化理论为政道:对冯契"智慧说"的一个发挥[J].天津社会科学,2017(6):50-54.

[3] 蔡志栋.回应冯契哲学研究中的几个问题[J].学术界,2016(5):101-110,325.

[4] 曾春海.冯契论中华文化心灵中的真善美[J].长安大学学报(社会科学版),2017(5):7-15.

[5] 陈来.冯契德性思想简论[J].华东师范大学学报(哲学社会科学版),2006(2):7-15.

[6] 陈卫平.哲学家的脚步如何走向大众[J].探索与争鸣,2016(9):46-49.

[7] 陈卫平.智慧说和中国传统哲学的智慧:论冯契的中国哲学史研究[J].学术月刊,1996(3)38-45.

[8] 陈晓龙.转识成智:冯契对时代问题的哲学沉思[J].哲学研究,1999(2):14-22.

[9] 陈泽怀.转识成智和万物一体:论冯契、张世英的道德哲学[J].中共浙江省委党校学报,2005(2):57-62.

[10] 陈泽怀.追求自由与善:冯契伦理思想初探[J].吉首大学学报(社会科学版),2002(3):13-20.

[11] 成云雷.冯契理想人格学说对中国哲学传统的继承及其方法论特征[J].湖北社会科学,2002(13):23-25.

[12] 成中英.人的本体发生与智慧发展:从方法到智慧,从智慧到自由[J].华东师范大学学报(哲学社会科学版),2016(3):50-58,182.

[13] 成中英.冯契先生的智慧哲学与本体思考:知识与价值的逻辑辩证统一[J].学术月刊,1997(3):3-7.

[14] 戴兆国.冯契伦理思想探析[J].淮阴师范学院学报(哲学社会科学版),2003(3):602-606.

[15] 戴兆国.论冯契智慧说的德性形而上学之维[J].江南大学学报(人文社会科学版),2020(6):27-32.

[16] 丁祯彦,晋荣乐.略论冯契对"转识成智"问题的探讨[J].华东师范大学学报(哲学社会科学版),1996(2):23-28,34.

[17] 丁祯彦.儒家的理想人格与现代新人的培养:兼谈冯契"平民化的自由人

格"[J]. 华东师范大学学报（教育科学版），1998（1）：10-18.

[18] 付长珍. 论德性自证：问题与进路[J]. 华东师范大学学报（哲学社会科学版），2016（3）：137-144，183-184.

[19] 高瑞泉. "天人合一"的现代诠释：冯契先生"智慧说"初论[J]. 学术月刊，1997（3）：8-14，57.

[20] 顾红亮. 智慧化的人格关怀：冯契的终极关怀思想[J]. 社会科学，2006（8）：180-185.

[21] 何萍. 冯契哲学的双重身份及其对马克思主义哲学中国化的贡献[J]. 华东师范大学学报（哲学社会科学版），2016（3）：35-44，181.

[22] 洪晓楠，张增娇. 论冯契的哲学观[J]. 大连理工大学学报（社会科学版），2006（2）：59-64.

[23] 洪晓楠. 论冯契的文化哲学思想[J]. 中州学刊，2000（3）：55-60.

[24] 胡振平. 反思推动理论创新：以冯契对马克思主义哲学第二次中国化的贡献为例[J]. 江苏行政学院学报，2016（3）：5-12.

[25] 李建华. 新时代的中国伦理学使命[J]. 中南大学学报（社会科学版），2018（1）：7-14.

[26] 李晓哲. 冯契自觉与自愿并重道德原则的困难[J]. 淮南师范学院学报，2017（5）：1-3，57.

[27] 李振纲. 化理论为德性：论冯契先生的自由价值观[J]. 河北大学学报（哲学社会科学版），1997（3）：116-121.

[28] 林孝暸. 从政治自由到哲学自由：冯契自由理论的历史发展[J]. 现代哲学，2008（4）：117-121.

[29] 林孝暸. 冯契对马克思主义自由理论的推进[J]. 求索，2008（6）：94-95，98.

[30] 闵仕君. 试论冯契先生的"终极关怀"[J]. 华东师范大学学报（哲学社会科学版），1999（6）：27-32.

[31] 彭漪涟. 冯契"化理论为方法"基本思想探析[J]. 华东师范大学学报（哲学社会科学版），2005（2）：4-8，121.

[32] 任剑涛. 向德性伦理回归：解读"化理论为德性"[J]. 学术月刊，1997（3）：15-18.

[33] 宋志明. 对马克思主义哲学的历史选择：兼论冯契的人格理念[J]. 教学与研究，2005（4）：13-18.

[34] 苏富忠. 道德的自觉行为观[J]. 齐鲁学刊，1999（6）：106-112.

[35] 汤一介. 读冯契同志《智慧说三篇》导论 [J]. 学术月刊, 1995 (6): 30-33.

[36] 田海平. 罗国杰与当代中国伦理学的正题法则: 伦理道德与好制度的相互涵养与推行 [J]. 吉首大学学报（社会科学版）, 2016 (3): 34-38.

[37] 万俊人. 当代伦理学前沿检视 [J]. 哲学动态, 2014 (2): 5-17.

[38] 汪信砚. 当代中国社会道德理想境遇的反思 [J]. 武汉大学学报（人文科学版）, 2002 (10): 517-521.

[39] 王南湜. 重建中华民族的价值理想: 中国马克思主义哲学一条未彰显的发展路径及其意蕴 [J]. 学习与探索, 2017 (7): 1-11.

[40] 王文东. 新时代德性伦理"一体五位论": 统合哲学诠释学和经学解释学视域建构德性伦理的一种可能思路 [J]. 西北师大学报（社会科学版）, 2020 (7): 97-110.

[41] 王向清, 李伏清. 冯契对人的本质的新见解 [J]. 哲学研究, 2004 (12): 33-38, 92.

[42] 王向清, 卢云蓉. 冯契对如何认识世界的新探索 [J]. 广东社会科学, 2012 (3): 62-67.

[43] 王向清, 余华. 冯契的道德理想学说 [J]. 湘潭大学学报（哲学社会科学版）, 2008 (3): 125-128.

[44] 王向清, 余华. 冯契的人生理想学说 [J]. 社会科学家, 2006 (5): 6-9.

[45] 王向清. 冯契的自由学说及其理论意义 [J]. 湖南师范大学社会科学学报, 2008 (1): 5-9.

[46] 王向清, 李伏清. 冯契对人的本质的新见解 [J]. 哲学研究, 2004 (12): 33-38, 92.

[47] 王向清. 冯契对怎样认识自我的探索 [J]. 湖湘论坛, 2011 (3): 51-58.

[48] 王向清. 论冯契的理想学说 [J]. 中国哲学史, 2006 (11): 92-98.

[49] 王向清. 学术层面马克思主义哲学中国化的逻辑进程 [J]. 学习论坛, 2008 (1): 33-37.

[50] 王新建. 冯契理论创新的民族意识和人民情结及启示 [J]. 常熟理工学院学报, 2016 (9): 47-53.

[51] 吴根友, 王博. 试论冯契的"境界论"思想: 兼与王国维"境界论"之比较 [J]. 华东师范大学学报（哲学社会科学版）, 2016 (5): 129-136, 183.

[52] 吴根友. 冯契"平民化的自由人格"说申论 [J]. 哲学研究, 1997 (11): 35-41.

[53] 吴根友. 个人自由与理想社会：殷海光与冯契自由理想之比较［J］. 中国哲学史, 2000（5）：115-123.

[54] 吴瑾菁. "道德"概念界定的学理争鸣［J］. 江西师范大学学报（哲学社会科学版）, 2015（1）：10-17.

[55] 肖祥. 改革开放40年中国马克思主义伦理学建设的基本经验［J］. 齐鲁学刊, 2019（1）：76-84.

[56] 杨国荣. 道德自我与自由［J］. 社会科学, 2002（1）：60-63.

[57] 杨国荣. 论道德行为［J］. 天津社会科学, 2015（1）：71-75.

[58] 杨国荣. 世界哲学视域中的智慧说：冯契与走向当代的中国哲学［J］. 学术月刊, 2016（2）：5-22, 33.

[59] 杨国荣. 自由的形上意蕴［J］. 文史哲, 2004（11）：115-124.

[60] 郁振华. 冯契和清华学派［J］. 华东师范大学学报（哲学社会科学版）, 1996（4）：35-41.

[61] 张岱年. 回忆清华哲学系"清华学派"简述［J］. 学术月刊, 1994（8）：11-13, 47.

[62] 张国钧. 道德理想和审美理想［J］. 兰州大学学报（社会科学版）, 1987（2）：60-65.

[63] 张灵馨. 冯契论美与审美理想［J］. 知与行, 2019（7）：148-153.

[64] 张汝伦. 冯契和现代中国哲学［J］. 华东师范大学学报（哲学社会科学版）, 2016（5）：27-34, 181.

[65] 张天飞. 冯契先生的智慧学说［J］. 学术月刊, 1995（9）：18-26.

[66] 张应杭. 论冯契的理想观对马克思主义哲学的理论贡献［J］. 华东师范大学学报（哲学社会科学版）, 2016（5）：45-49, 181-182.

[67] 赵卫东. 转识成智与理论直觉：冯契智慧学说述评［J］. 山东师范大学学报（人文社会科学版）, 2004（4）：15-18.

[68] 赵修义. 伦理学就是道德科学吗？［J］. 华东师范大学学报（哲学社会科学版）, 2018（11）：45-51, 173.

[69] 赵亚静. 冯契的智慧学说新探［J］. 高校理论战线, 2008（8）：39-43.

[70] 周炽成, 潘继恩. 儒家人生理想与中国古代知识分子的人生现实［J］. 华东师范大学学报（社会科学版）, 1995（8）：7-10.

[71] 周利方. 现时代合理价值体系建构：冯契的探索［J］. 党史文苑, 2016（2）：70-74.

[72] 朱德生. 读冯契《智慧说三篇》有感［J］. 哲学研究, 1997（5）：77-81.

[73] 朱良珏. 转识成智中的德性自证：冯契先生智慧学说初探 [J]. 长春教育学院学报, 2013（4）：1-2.

[74] 朱贻庭. "本""末"之辨说道德：当前道德治理必须关注的一个问题 [J]. 道德与文明, 2013（3）：5-8.

[75] 朱贻庭. 社会价值重建要坚持价值导向的大众方向 [J]. 探索与争鸣, 2016（9）：38-42.

四、学位论文类

[1] 贺曦. 冯友兰冯契理想人格比较研究 [D]. 天津：南开大学, 2012.

[2] 李锦招. 人的成长和人格理想：冯契智慧说与霍韬晦如实观之比较研究 [D]. 上海：华东师范大学, 2004.

[3] 林孝暸. 冯契自由理论研究 [D]. 上海：华东师范大学, 2004.

[4] 刘明诗. 冯契与马克思主义哲学中国化 [D]. 武汉：武汉大学, 2011.

[5] 余华. 论冯契的理想观研究 [D]. 湘潭：湘潭大学, 2009.

[6] 周利方. 论冯契对马克思主义哲学中国化的贡献 [D]. 上海：上海社会科学院, 2012.

[7] 谢新春. 李大钊伦理思想研究 [D]. 南京：南京师范大学, 2015.

[8] 廖济忠. 梁漱溟伦理思想研究 [D]. 长沙：中南大学, 2010.

[9] 陈剑旄. 蔡元培伦理思想研究 [D]. 长沙：湖南师范大学, 2004.